AF222709

Gott und die chinesische Teekanne
Kommentarband

Michael Murauer

Gott und die chinesische Teekanne

Eine Reise in die Bilderwelt
der Philosophen

Kommentarband

Bibliografische Information der Deutschen Nationalbibliothek:
Die Deutsche Nationalbibliothek verzeichnet diese Publikation
in der Deutschen Nationalbibliografie;
detaillierte bibliografische Daten sind im Internet
über < http://dnb.d-nb.de > abrufbar.

1. Auflage 2008
2. erweiterte Auflage 2012

© 2012 Michael Murauer
www.murauer.info

Satz, Umschlagdesign, Herstellung und Verlag:
Books on Demand GmbH, Norderstedt

ISBN: 978-3-8448-4169-5

Die Metapher ist weit klüger als ihr Verfasser ...
GEORG CHRISTOPH LICHTENBERG

Aber die Metaphern verbannen, heißt nicht nur die Blumen am Wege zur Wahrheit ausreißen, sondern heißt auch sich selber der Vehikel berauben, die den Weg zur Wahrheit beschleunigen helfen.

Es kann keine Rede davon sein, daß die bildhafte Rede sich wie eine hübsche, aber im ganzen entbehrliche Blumendecke über eine Schicht der Eigentlichkeit lege.
HARALD WEINRICH

Zitate in meiner Arbeit sind wie Räuber am Weg, die bewaffnet hervorbrechen und dem Müßiggänger die Überzeugung abnehmen.
WALTER BENJAMIN

Tradition ist nicht das Aufbewahren der Asche, sondern die Weitergabe der Streichhölzer.
PROFESSOR BOERNE IN „TATORT"

Inhalt

Vorbemerkung

(Ein)Blicke in die Werkstatt und darüber hinaus

Immer wieder wurde von Lesern der Wunsch geäußert, die im Buch verwendeten Quellen leichter aufsuchen und nachvollziehen zu können. Quellenangaben unmittelbar beim Text hätten den literarischen Charakter des Buches zu sehr beeinträchtigt. Deshalb ist die Idee eines separaten Kommentarbands entstanden.

Dieser ist nicht nur ein Quellenverzeichnis, sondern beschäftigt sich auch mit dem historischen und inhaltlichen Umfeld verschiedener Quellen, bringt zusätzliche Textstellen, Lesehinweise, Anregungen, weitere philosophische Bilder, und verrät schließlich noch das eine oder andere mehr über den Autor. Ohne zu viel über die Geheimnisse des Buches auszuplaudern, soll es der Kommentarband dem Leser erleichtern, inhaltliche sowie formale und strukturelle Bezüge zu entdecken.

Nur manchmal wird nach der ausführlichsten, wissenschaftlichsten oder schönsten Ausgabe zitiert, stets aber nach derjenigen, die ich verwendet habe.

Buch und Kommentarband geben miteinander eine kleine Geschichte philosophischer Metaphorik und philosophischer Belletristik. Dabei stehen nicht Sammelleidenschaft oder Vollständigkeitsstreben im Vordergrund. Es ist angewandte Geschichtsschreibung, die zwar verschiedene philosophische Standpunkte zu ihrem Recht kommen lassen will, aber vor allem die Tradition von Aufklärung, Naturalismus, Atheismus und säkularem Humanismus mit neuem Leben erfüllen soll.

Es hat seinen eigenen Reiz und seine unbestreitbaren Vorzüge, die Dinge in der Weise des belletristischen Schriftstellers, des Künstlers, einkreisen zu können, der sich oft genug selbst nicht all dessen bewußt ist, was er zum Ausdruck bringt, und auch imstande ist, implizites Wissen und implizite Weisheit, Unsagbares oder unzureichend Sagbares oder auch das, was man jetzt nicht sagen kann oder will, und außerdem alle möglichen Ambivalenzen und Widersprüchlichkeiten zu vermitteln. Thomas Mann etwa hat diesen Vorteil des Künstlers genau gekannt (nicht zuletzt aufgrund genügend eigener Versuche im analytischen Schreiben): „Überhaupt ist es schrecklich, daß man als Analytiker immer nach einer Seite übertreiben muß, um zu charakterisieren, und dann Mühe hat, das Schiefe richtig zu stellen." Thomas Mann, Musik in München, 1917, in: Über mich selbst, Fischer Frankfurt a. M. 1994, S. 267

„Gott und die chinesische Teekanne" bleibt allerdings eine philosophisch-literarische Grenzgängerei, ein Zwitter, wenn man so will. Im Zweifelsfall haben philosophische Aspekte Vorrang vor literarischen, mag die hierdurch passagenweise entstehende Konzentration auch der Akzeptanz beim Leser schaden. Nietzsches berechtigter Hinweis, daß die größten Künstler und Schriftsteller aus guten Gründen reichlich Gebrauch vom Mittelmäßigen gemacht hätten, wird zur Kenntnis genommen, aber oftmals in den Wind geschlagen: „Nicht zu nahe. – Es ist ein Nachteil für gute Gedanken, wenn sie zu rasch aufeinanderfolgen; sie verdecken sich gegenseitig die Aussicht." Menschliches, Allzumenschliches. Ein Buch für freie Geister, Zweiter Band, Aphorismus 120, 1880, 1886, München Goldmann o. J., S. 63

Der Kommentarband soll mehr sein als ein wissenschaftlicher Apparat im üblichen Sinne: die Bilderwelt der Philosophen als offenes philosophisches Projekt für Leser und Autor...

An einer systematischen wissenschaftlichen Aufarbeitung philosophischer Metaphorik und Ikonographie arbeiten andere. Umfangreiches Material zur bildhaften Ausdrucksweise in der Philosophie und deren Bedeutung für den philosophischen

Diskurs präsentiert: Bernhard H. F. Taureck, Metaphern und Gleichnisse in der Philosophie. Versuch einer kritischen Ikonologie der Philosophie, Suhrkamp Frankfurt a. M. 2004. Mit ausführlichen Literaturangaben. Ein weiteres sehr material-reiches wissenschaftliches Buch, diesmal aber über bildhafte Darstellungen von Philosophen und philosophischen Motiven in der Malerei, in Stichen, im Buchdruck: Reinhard Brandt, Philosophie in Bildern. Von Giorgione bis Magritte, 2. Aufl., Dumont Köln 2001. Auch hierin umfangreiche Literatur über philosophische Ikonographie und einschlägige Bezüge. Dagegen sieht das Metaphernprojekt, www.metaphernlexikon.ch, im Schwabe Verlag Basel, mit dem im Anschluß an das Historische Wörterbuch der Philosophie ein umfassendes Unternehmen zur Erschließung und Analyse der Metaphernverwendung in Philosophie und Wissenschaften in Angriff genommen wurde, derzeit leider einer ungewissen Zukunft entgegen.

Der Kommentarband sollte die erste Lektüre des Buches nicht stören.

Eine Hommage an René Magritte

Der Leser wird eingeladen, sich auf dieses vielschichtige Bild des großen philosophischen Malers einzulassen. Es war auch das Umschlagbild von „Curioso, Sapientia und ihr Fiat Lux", der ersten Version meines philosophischen „Bilderbuchs".

Dieses Stilleben über ein Stilleben, das gleichzeitig Stilleben und nicht Stilleben ist, ist eines der Werke, mit denen Magritte auf moderne Weise an die bis in die Antike zurückreichende Tradition des Trompe-l'oeil anschließt, wenn auch nicht so explizit und noch etwas verschränkter als in seinen „La condition humaine"-Bildern, die auf einer Staffelei vor einem Fenster genau den dahinterliegenden Landschaftsausschnitt zeigen. Kommt dort der Gegensatz von Sein und Schein und die Frage nach der adäquaten Wahrnehmung der Realität aufs Tableau, so ist es hier gerade der Versuch, sich kein Bild zu machen, bei dem ein Bild von einem Bild entsteht, das kein Bild mehr sein will. Wir können es nicht vermeiden, uns ein Bild zu machen. Der Versuch, gewaltsam zu vereinfachen, macht die Lage umso komplizierter. Mit dem verschnörkelten Rahmen unserer Wissenschaft und Kultur legen wir den Ausschnitt fest, in dem wir die Welt betrachten und (re-)präsentieren sie darin mit unseren Hilfsmitteln. Trotzdem ist unsere Bilderwelt nicht so beliebig und realitätsfern, wie dies radikale Konstruktivisten meinen. Das Bild vom Bild im Bild, das kein Bild mehr sein will, sondern auf die Realität verweist, korrespondiert gut mit der Erzählstruktur meiner Geschichte.

René Magritte, Der gesunde Menschenverstand, 1945/46

Für ein kommentiertes Beispiel der „La condition humaine"-Bilder vgl. Eckhard Hollmann, Jürgen Tesch, Die Kunst der Augentäuschung, Prestel München 2004, Neuauflage 2010, S. 68/69. Und ganz allgemein zur Gattung des Trompe-l'oeil den hervorragenden Ausstellungskatalog „Täuschend echt. Illusion und Wirklichkeit in der Kunst", Hrsg. Ortrud Westheider und Michel Philipp, Bucerius Kunst-Forum Hamburg 2010 (mit mehreren Essays und einer Vielzahl kommentierter Beispiele).

Was die äußere Gestaltung des Buches angeht, so mag ich im Übrigen beide Versionen in gleichem Maße: Titel und Bild von "Gott und die chinesische Teekanne" sind auf eine originelle Weise plakativ und provokativ, während das kryptischere "Curioso, Sapientia und ihr Fiat Lux" einen weiteren Horizont philosophischen Interesses und philosophischer Lebensführung aufspannt. Beide Titelbilder knüpfen auf ihre Weise ans Trompe-l'oeil an. Der Text selbst aber ist durch die Kritik Vito von Eichborns und die hierdurch angeregte Überarbeitung in „Gott und die chinesische Teekanne" zweifellos noch besser geworden.

Motti

Hoffentlich gilt Lichtenbergs kluges Wort auch für diese ganze Geschichte und nicht nur für manche der philosophischen Bilder, die hierfür ausgeliehen oder geschaffen wurden.

Ohne der verdienstvollen großen Ausgabe von Wolfgang Promies bei Hanser irgendwelchen Abbruch tun zu wollen, ist die Quelle im Falle Lichtenbergs in aller Regel das immer noch schönste Brevier seiner Aphorismen: der von Max Rychner bei Manesse herausgegebene Band, Zürich 1958 und mehrfach später. Hier S. 263

Harald Weinrichs metaphorisches Metaphern-Lob findet sich in seiner „Linguistik der Lüge", 1966, 7., unveränderte Auflage, Beck München 2006, S. 44, S. 48.

Allerdings hat die Metaphern-Münze auch eine andere Seite: „Hinkt weiter, o ihr Vergleiche!" seufzt Wilhelm Busch. Brief an Maria Anderson vom 30.3.1875, Sämtliche Werke, Band I, 6. Aufl., Bertelsmann München 1992, S. 838

Beeindruckend ist der Optimismus Walter Benjamins, der Zitate-Pistolero könne diejenigen erschüttern, die es sich in der achtlos vorbeieilenden, gepanzerten Limousine ihrer Überzeugungen behaglich gemacht haben. Nur dann und wann geschieht dies: etwa wenn er eine Schrecksekunde nutzen kann, einen vulnerablen Moment im jeweiligen Leben trifft. Walter Benjamin, Einbahnstraße, Suhrkamp Frankfurt a. M. 1977, S. 108

Das vom Drehbuchautor des „Tatort" bonmotartig, aber sehr treffend abgewandelte Zitat soll gleich am Anfang darauf aufmerksam machen, daß mit dem hier verfolgten Projekt nicht in erster Linie Philosophiegeschichte und Philologie betrieben werden sollen. Die Geschichte dieses Zitats reicht von Thomas Morus über Benjamin Franklin zu Jean Jaurès, Gustav Mahler, Papst Johannes XXIII. und eben zum „Tatort":

www.zitate-online.de/literaturzitate/allgemein/18639/tra-
dition-ist-nicht-das-halten-der-asche.html (Zugriff zuletzt
8.11.2011). Der Münsteraner „Tatort", in dem der Drehbuchautor Johannes W. Betz den Pathologen Professor Karl-Friedrich
Boerne die Tradition dieses Diktums solchermaßen neu ent-
flammen läßt, ist die Folge 678, „Satisfaktion", Erstausstrahlung
28.10.2007.

Die Menagerie der Philosophen

... und was sich daraus über menschliche Erkenntnis vermuten läßt

S. 11/12

- Tante Sapientia, Onkel Curioso und das Automobil: Beiden wäre ohne weiteres eine Äußerung wie die Hans Blumenbergs zuzutrauen gewesen, mit der dieser von Autos offenbar nichtsdestotrotz faszinierte Philosoph sein Festhalten an einem DKW älterer Bauart technisch fragwürdig, jedoch in hübscher selbstironischer Wendung damit verteidigte, ein Zweitakter sei wegen des großen Leerlaufs das für einen Philosophen angemessene Fahrzeug. Hans Blumenberg. Ein Porträt von Ferdinand Fellmann, Information Philosophie, August 2008, 36 (2008) Nr. 3, S. 49 – 54, hier S. 49

S. 12/13

- sapientia, ae, *f.*, 1. Einsicht, Klugheit, Verstand. 2. Weisheit, Philosophie: sapientias ebullire mit Weisheitsregeln um sich werfen. Aus: Der kleine Stowasser. Lateinisch-deutsches Schulwörterbuch, G. Freytag, München 1971. Soweit nicht anders erwähnt, dient der Stowasser auch im Weiteren als Quelle für alle Erläuterungen lateinischer Begriffe.
- Klara, Clara weiblicher Vorname, zu lat. clarus hell, leuchtend, klar. Der Name der heiligen Klara (12./13. Jh.) fand nach der Heiligsprechung 1255 mit dem Klarissen- oder Franziskanerinnenorden in Deutschland weite Verbreitung. Der Vorname wurde im 19. Jh. volkstümlich. Aus: Das neue Vornamenbuch, Orbis München 1988. Laut Meyers Enzyklopädischem Lexikon Mannheim 1975 ist Klara auch „die Hervorstechende".

- curiosus 1. wißbegierig, eifrig forschend, neugierig. 2. besorgt. 3. sorgfältig.
- kurios Das seit dem 17. Jh. bezeugte Adjektiv hatte anfänglich durchaus ernstgemeinte Bedeutungen wie „wissenswert, merkwürdig". Im Laufe der Zeit nahm es durch seine Stellung als oft ironisch gebrauchtes Modewort seinen unbestimmten schillernden Charakter an mit den heute üblichen Bedeutungen „seltsam, sonderlich, wunderlich, spaßig, schrullig usw.".... Aus: Duden, Band 7, Herkunftswörterbuch der deutschen Sprache, Bibliographisches Institut Mannheim 1963
- Thomas griech. thōmas, „der Zwilling". Aus der Bibel bekannter Empirist. Als der Unglaube noch ein mißgeborener Zwilling des Glaubens war, wurde die allgemeine Beliebtheit des Namens durch das Dreigestirn der heiligen Thomasse (Becket, 12. Jh., von Aquin, 13. Jh., Morus, 15./16. Jh.) gesteigert.

S. 14
- Ein Wort zu den erfreulichen Lebensumständen: „Zwar ist ein moderner Vorort sicherlich besser als ein Elendsviertel alter Art, aber eine Bevölkerung, die in einer modernen Version der stattlichen Schlösser von ehedem lebt, in geräumigen Landhäusern mit großen Gärten, ist eine Vorstellung, welche die Phantasie zu beflügeln vermag." Dennis Gabor, Menschheit morgen (Inventing the Future), Fischer Bücherei Frankfurt a. M. 1969, S. 114, 115. Immer noch sehr lesenswert, in manchem leider zu optimistisch, aber im Grundsätzlichen überhaupt nicht veraltet: ambivalent und doch von Idealen getragen, ein gutes Buch über die Zukunft eben, die drohende, zu befürchtende, zu erhoffende, anzustrebende, zu erkämpfende.
- Hegel an Niethammer, 1811, Briefe von und an Hegel, 4 Bände, Philosophische Bibliothek Hamburg 1952 – 1960,

Band I, S. 393, hier wiedergegeben nach Franz Wiedmann, Hegel, rororo Bildmonographien, 17. Aufl., Reinbek bei Hamburg 1993, S. 48
Und ein netter Sinnspruch von Ernst Topitsch als hierzu passender Fremdkommentar:
„Smith, Mill und Bentham machen Spaß, doch nicht Herrn Hegels Logik-Kas!"
Eintrag Nr. 19 aus dem Gästebuch von Hans Albert. In: Aufklärung und Kritik (Organ der von Georg Batz geleiteten Gesellschaft für kritische Philosophie Nürnberg), Sonderheft 8/2004, Schwerpunkt: Ernst Topitsch, S. 279

S. 15
- Hans Küng, Existiert Gott?, Piper München 1978, „Gott in der Welt: Georg Friedrich Wilhelm Hegel", S. 157
- Hegels Vergöttlichung der „besondern schönen Volksgeister" stammt aus seiner Phänomenologie des Geistes, VII. Religion, C. Das geistige Kunstwerk, erstmals erschienen 1807, hier zitiert nach der Ausgabe Meiner Hamburg 1988, S. 474

S. 16
- Gerhard Sczcesny, Die Zukunft des Unglaubens, 5. Abschnitt, „Der Glanz der Abenddämmerung macht keine Morgenröte", List München 1965, S. 60. Man darf hier durchaus weiterlesen: „Jede Religion wird in einer bestimmten Phase ihres Verfalls zu 'Literatur', das heißt der Mensch macht sie sich genießbar, indem er jede Rechenschaft über ihren Glaubensinhalt verweigert und sich am Glanz ihrer kulturellen Ablagerungen und des von ihr geprägten Lebensstils erbaut."
- Margaret Knight, Erziehung ohne Religion, Club Voltaire, Jahrbuch für kritische Aufklärung I, unveränderter Nach-

druck der 1963 im Szczesny-Verlag München erschienenen Erstausgabe, IBDK Verlag Berlin 1989, S. 59

Was uns Margaret Knight hier nahebringt, hat Miguel de Unamuno schon früher in unübertrefflicher Prägnanz formuliert: „En la iglesia me quito el sombrero, pero no me quito la cabeza." (In der Kirche nehme ich den Hut ab, aber nicht den Kopf.) Zitiert nach: Bernulf Kanitscheider, Entzauberte Welt. Über den Sinn des Lebens in uns selbst, Hirzel Stuttgart 2008, S. 73

S. 18
- Russells denkwürdige Katze findet sich in seinem Büchlein „Probleme der Philosophie", 1912, edition suhrkamp, 5. Aufl., Frankfurt a. M. 1973, S. 23

S. 19
- Lichtenberg, vgl. **Motti**, S. 180
- George Berkeley vertrat die Ansicht, daß die Dinge nur existieren, solange sie wahrgenommen werden. „Their esse is percipi, nor is it possible they should have any existence, out of the minds or thinking things which percieve them." Principles of Human Knowledge, Part I, 3. In: Principles of Human Knowledge and Three Dialogues, Oxford Paperbacks 1999, S. 25. Im zweiten der „Drei Dialoge zwischen Hylas und Philonous", die er 1713 als Antwort auf die Kritik an seinem drei Jahre zuvor erschienenen Hauptwerk veröffentlichte, dient ihm sein Idealismus mit der von Onkel Curioso wiedergegebenen Argumentation gar zum Gottesbeweis. (Wie oben, S. 153)

S. 20
- Fenouil à l'orientale – Fenchel auf orientalische Art. Aus: Francoise Bernard, Das französische Kochbuch. Klassische Rezepte nach Hausfrauenart, Christian Verlag München

1987, S. 13. Ein echter Kochbuchklassiker mit vielen Rezepten, die der Mühe lohnen und wirklich was werden.

- Russell über sein Verhältnis zu den „ordinary beliefs of common sense": Sceptical Essays, 1935, Introduction: On the Value of Scepticism, hier nach Unwin Paperbacks London 1977, S. 11
- Solipsismus: „(aus lat. solus, allein, und ipse, selbst), philosophischer Terminus zur Bezeichnung eines radikalen erkenntnistheoretischen Idealismus, der nicht nur eine vom Bewußtsein unabhängige Außenwelt bestreitet, sondern Bewußtsein darüber hinaus mit dem eigenen Bewußtsein gleichsetzt" – so beginnt der entsprechende Eintrag in der „Enzyklopädie Philosophie und Wissenschaftstheorie", Hrsg. Jürgen Mittelstraß, Metzler Stuttgart Weimar 1995, unveränderte Sonderausgabe 2004, hier Band 3, S. 839/840. Immer eine gute Idee, wenn man nach gründlicher philosophischer Schnellinformation mit Verweisen auf weiterführende Literatur sucht. Auch dieser Artikel beleuchtet die verschiedensten Aspekte des Solipsismus bis hin zu Veröffentlichungen über seine Erscheinungsformen in der Belletristik.
- Die Originalquelle für Diderots Cembalo habe ich leider bisher nicht gefunden. Das Bild wird hier zitiert nach: Alan Sokal, Jean Bricmont, Impostures Intellectuelles, 1997. Deutsch: Eleganter Unsinn. Wie die Denker der Postmoderne die Wissenschaften mißbrauchen, Beck München 1999, S. 72
- Woraus die Mauern geistiger Gefängnisse bestehen, diskutiert Russell im selben Buch wie die Fähigkeit seiner Katze, während ihrer Nichtexistenz Appetit zu bekommen, vgl. **S. 18**, hier S. 138.

S. 21

- Daß es für das Huhn nützlicher gewesen wäre, wenn es sich etwas subtilere Meinungen über die Gleichförmigkeit der Natur gebildet hätte, ist ebenfalls eine Feststellung aus „Probleme der Philosophie", die Bertrand Russell zur Mahnung an uns Menschen dient, nicht mehr als Wahrscheinlichkeiten zu verlangen. (S. 56/59)

S. 22

- „Es ist immer schon einer dagewesen." Kein Grund zur Entmutigung, meint Kurt Tucholsky. Es gibt keinen Neuschnee, 1931. Zum Beispiel in: Ausgewählte Werke, Rowohlt Reinbek bei Hamburg 1965, Band 1, S. 20
- Mit Platons Höhlengleichnis beginnt das Siebente Buch der Politeia. Zum Beispiel in: Platon, Sämtliche Werke, Band 3, Rowohlts Klassiker, Hamburg 1958, Übersetzung von Friedrich Schleiermacher, Stephanus-Nummerierung Abschnitt 514 – 520, S. 224 ff.

S. 23

- Schopenhauers Bild für das unbändige Wirken der einmal losgelassenen Vernunft findet sich in seiner Schrift „Über die vierfache Wurzel des Satzes vom zureichenden Grunde", 2., erweiterte Auflage, 1847, Viertes Kapitel, § 20, Satz vom zureichenden Grunde des Werdens. Zum Beispiel in: Kleinere Schriften, Sämtliche Werke, Band III, Suhrkamp Frankfurt a. M. 1986, S. 53. Ursprünglich zitiert nach Rüdiger Safranski, Schopenhauer und Die wilden Jahre der Philosophie, Hanser München Wien 1987, S. 238. Nützlich auch: Schopenhauer im Kontext. Werke auf CD-Rom, InfoSoftWare Berlin 2002. Hier Kap.-Nr. 210, III146

S. 24

- Das Novum Organum von Francis Bacon (1620) ist ein Schlüsselwerk für den Beginn der neuzeitlichen erkenntnis- und weltanschauungskritischen Philosophie. Seine Idolenlehre entwickelt er in den Aphorismen 38 bis 44 des Novum Organum I. Hier noch eine Kostprobe, wie Bacon mit der Neigung des menschlichen Denkens zur Bestätigung von Vorurteilen ins Gericht geht: „Daher entgegnete mit Recht jener, dem man einst im Tempel die Tafeln derer zeigte, die für ihre Errettung aus dem Schiffbruch ihr Gelübde erfüllt hatten, und dem man mit der Frage zusetzte, ob er denn nun das Walten der Götter anerkenne: ‚Wo sind denn jene aufgeschrieben, die trotz ihrer feierlich abgelegten Gelübde ertrunken sind?'" Neues Organon, Teilband I, Lateinisch – deutsch, Meiner Hamburg 1990, S. 99 – 109 (Zu Francis Bacon vgl. auch S. 82)

S. 25

- Erich Fromm erzählt seine Variante der Elefantengeschichte in: Die Kunst des Liebens, 1956, deutsche Ausgabe bei Ullstein München 1979, S. 107.
- Die buddhistische Version geht zurück auf die Fassung von Indiens erstem Staatspräsidenten Sarvepalli Radhakrishnan in seinem Buch „Eastern Religions and Western Thought", London 1939, hier wiedergegeben nach der Übersetzung, die sich bei Hans Küng findet. Wie **S. 15**, aber jetzt aus dem Kapitel „Der Gott der nichtchristlichen Religionen. Alles gleich wahr?", S. 665. Die Geschichte wurde jedoch vielfach abgewandelt. Eine hübsche Variante, noch skeptischer zugespitzt hinsichtlich der menschlichen Fähigkeit zur Erkenntnis unveränderlicher Wahrheiten, erzählt Carrière: Ein König zieht, thronend auf einem Elefanten, an einem Dorf vorbei, das nur von blinden Einwohnern bewohnet wird. Die Bewohner hören von dem außergewöhnlichen Tier, das in ihrer Gegend unbekannt ist und schicken drei Abgesandte, die den Elefanten berühren dürfen. Bei ihrer Rückkehr geben sie Beschreibungen, die sich gleichermaßen widersprechen wie

in den anderen Varianten der Geschichte, schlagen schließlich im Streit darüber mit Fäusten und Stöcken aufeinander ein und verletzen sich. Einige unter den Blinden, „die vernünftiger waren als die anderen", machen daraufhin den Vorschlag, eine neue Delegation zu senden, für die man nur die Klügsten unter den Blinden auswählt. „Doch als sie den König und sein Gefolge aufsuchen wollten, stellten sie fest, daß diese schon weitergezogen waren." Jean-Claude Carrière, Der Kreis der Lügner. Die Weisheit der Welt in Geschichten, 1998, Diana Verlag München – Zürich 1999, S. 151/152

S. 26
• Friedrich Nietzsche sieht uns als Spinnen in der „Morgenröte". Gedanken über die moralischen Vorurteile, Zweites Buch, Sentenz 117, erstmals erschienen 1881, Goldmann Klassiker München o. J., S. 93
  Fritz Mauthner greift später zu einer metaphorischen Ausdrucksweise ähnlichen Sinns, wenn er als argen Fehler unseres Weltbilds behauptet, daß es uns die Welt nur mit Hilfe der fünf oder sechs „Zufallsbreschen" zeige, die unsere Sinne geöffnet hätten. Die drei Bilder der Welt. Ein sprachkritischer Versuch, aus dem Nachlaß herausgegeben von Monty Jacobs, Verlag der philosophischen Akademie Erlangen 1925, S.57/58

S. 27
• Blakes Spiegelkabinett geht auf eine Stelle bei Julian Huxley zurück: "Man constructs within himself some sort of picture of the universe; a miniature model housed in what Blake called the crystal cabinet of his mind." Gleich darauf kommt allerdings, was den optimistisch-realistischen Naturwissenschaftler Huxley von den Konstruktivisten unterscheidet: "And this present century is the first period in

which this picture could be even approximately accurate, or approximately complete in its extent." Julian Huxley, Knowledge, Morality and Destiny, in seinem Buch: New Bottles for New Wine, Readers Union Chatto & Windus London 1959, S. 249

- Bernard le Bouvier de Fontenelle, Dialogues des Morts, 1683. Meine deutschsprachige Quelle hierzu ist stets: Gespräche im Elysium, Dieterich Leipzig 1948. Die skeptische Stelle über die Lernfähigkeit der Menschen findet sich im Gespräch zwischen Sokrates und Montaigne, S. 50. Fontenelle nimmt in seinem Buch auf originelle Weise die Totengespräche des Griechen Lukian aus dem 2. Jahrhundert wieder auf und benutzt diese Idee, um Tote verschiedener Epochen miteinander diskutieren zu lassen. Der Fiat Lux und die BEZUG waren damals eben noch unvorstellbare technische Errungenschaften einer fernen Zukunft. „Totengespräche" haben sich dann im 18. Jahrhundert geradezu zu einer literarischen Gattung ausgewachsen. Sie sind danach zwar etwas in den Hintergrund getreten, die Tradition ist aber nie ganz abgerissen. So etwa: Fritz Mauthner, Totengespräche, Schnabel Berlin 1906. In unserer Zeit hat die Gattung wieder neues Interesse gefunden: 1991 gibt Hans Magnus Enzensberger Fontenelles „Totengespräche" neu heraus (mit detailliertem Kommentar sowie Auszügen aus anderen Beispielen des Genres) und 1990/91 Maurice Jolys „Ein Streit in der Hölle. Gespräche zwischen Machiavelli und Montesquieu über Macht und Recht" (erstmals anonym 1864), jeweils in „Die andere Bibliothek", Eichborn Verlag Frankfurt a. M.. 1999 dokumentiert eine Ausstellung in der Universitätsbibliothek der Freien Universität Berlin diese Tradition (www.ub.fu-berlin.de/service/ausstellungen/archiv/doku/totengespraeche.pdf) (Zugriff zuletzt 8.11.2011). 2004 veröffentlicht Enzensberger ein eigenes Buch mit dem

Titel „Dialoge zwischen Unsterblichen, Lebendigen und Toten", Suhrkamp Frankfurt a. M. Und nur sieben Jahre später
können wir den komplexen Totengesprächen lauschen, die
vier leicht verfremdete Protagonisten aus dem 20. Jahrhundert
(unter anderem ein Herr Feierabent) über das Wesen der Natur und unser Verhältnis zu ihr führen. In: Michael Hampe,
Tunguska oder das Ende der Natur, Hanser München 2011
• „Jene kleinen verwegenen Worte über moralische Dinge, welche Fontenelle in seinen unsterblichen Totengesprächen hin-
warf, galten seinerzeit als Paradoxien und Spiele eines nicht
unbedenklichen Witzes ...", sagt Nietzsche in der Sentenz 94
der „Fröhlichen Wissenschaft" und bescheinigt Fontenelle
Wachstum nach dem Tode. Friedrich Nietzsche, Die fröhliche Wissenschaft, 1882, 2. erw. Auflage 1887, hier zitiert
nach insel taschenbuch Frankfurt a. M. 1982, S. 108

S. 27/28
• Fontenelle, vgl. oben, Leipzig 1948, Dialog zwischen Hero-
strat und Demetrius von Phaleron, S. 110

Buridans Esel und
Pyrrhos Spaziergang

Leben heißt, sich zu entscheiden

S. 29

- Das Höhlenabenteuer schildert Mark Twain in den Kapiteln 31 bis 34 von „Tom Sawyers Abenteuer". Eine gruselige Geschichte, die mich als Bub sehr beeindruckt hat und die mir noch des Nachts im Traum vorgekommen ist. Ensslin & Laiblin Verlag Reutlingen 1949

S. 30

- Eine von Schopenhauers „Vereinzelten Bemerkungen über Naturschönheit". Aus: Die Welt als Wille und Vorstellung, Ergänzungen zum dritten Buch, Kapitel 33, erstmals erschienen 1844, hier zitiert nach der Reclam-Ausgabe, Band 2, Stuttgart 1987, S. 526
- Aristoteles behandelt die kathartische Wirkung der Musik im achten Buch seiner „Politik", 1341 b 36 - 1342 a 16. Meine Ausgabe: dtv text-bibliothek, 2. Aufl., München 1976, S. 260/261
- Betrachtungen über Landschaftsschönheit aus evolutionärer Sicht stellt Klaus Richter an in seinem auch sonst lesenswerten Buch: Die Herkunft des Schönen. Grundzüge der evolutionären Ästhetik, Philipp von Zabern, Mainz 1999, hierzu insbesondere S. 129 – 148.

S. 32

- „Der Philosoph wie der Hausbesitzer haben immer Reparaturen.", heißt das Bonmot von Wilhelm Busch laut: Aphorismen und Reime, wie **Motti**, Band II, S. 874.

- Woher stammen meist solche anekdotischen Geschichten wie die von Platons federlosem zweifüßigem Tier? Vom spätantiken Klatsch- und Tratschbruder Diogenes Laertius, Leben und Meinungen berühmter Philosophen, hier VI. Buch, Zweites Kapitel, Diogenes, Abschnitt 40. Um 220 n. Chr., Meiner Hamburg 1998, Zwei Bände in einem Band, Erster Band, S. 314. Die von Diogenes verspottete Definition ist allerdings Originaltext Platon: Politikos, 266 e. Wie S. 22, aber Band. 5, S. 22
- Platons Vergleich unserer Erkenntnisse mit Vögeln, die wir in einem Käfig eingesperrt haben, findet sich im Theaitetos, 197 c – 200 c. Wie S. 22, aber Band. 4, S. 166 – 169

S. 33
- Nach Bertolt Brecht ist dies die „Mühsal der Besten". Geschichten vom Herrn Keuner, 1949, Bibliothek Suhrkamp Frankfurt a. M. 2003, S. 71
- Goethe in seinem Gedicht „Dauer im Wechsel". Zum Beispiel in: Gedichte, Beck München 1981, S. 247
- Günther Patzig, Heraklits Fluß und Kants bestirnter Himmel oder: Über die Nivellierung philosophischer Gedanken, 1967. In: Gesammelte Schriften, Band III, Aufsätze zur antiken Philosophie, Wallstein Göttingen 1996, S. 295 – 308, hier S. 296 – 298. „Gegen die eingängigen Schlagworte, mit denen oft über philosophische Lehren verfügt wird, kann man nicht mißtrauisch genug sein. Hinter den Sätzen großer Philosophen steht mehr, als man beim ersten Hören vermutet. Es wäre gut, wenn sich die Meinung einbürgerte, daß man die Philosophen in der Regel mißbraucht, wenn man ihre Sätze als Bekräftigung dessen anführt, was jeder ohnehin zu denken geneigt ist." (S. 308)
- Platon nimmt dieses Gleichnis im Phaidros immer wieder auf, besonders 253 d – 254 e. Zum Beispiel im selben Band wie oben der Theaitetos, aber S. 34/35

S. 36

- Seneca, Vom glückseligen Leben, Absatz 20, 58/59 v. Chr., somit aus der Zeit der größten politischen Machtentfaltung des Philosophen. Zum Beispiel in: Seneca, Vom glückseligen Leben. Trostschrift für Marcia. Von der Ruhe des Herzens, Goldmann Klassiker München o. J., S. 45

S. 38

- Schopenhauer nimmt hier eine Anleihe bei einem Epigramm des Martial (Ende 1. Jh. n. Chr.) und zwar in seinen Paralipomena, 1851, Kapitel 19, § 208, Zur Metaphysik des Schönen und zur Ästhetik. Zum Beispiel in: Kleine philosophische Schriften II, Sämtliche Werke, Band V, Suhrkamp Frankfurt a. M. 1986, S. 497

S. 39

- Gerd B. Achenbach in einem Gespräch über die Philosophische Praxis. In: Kaffeehausblätter, 2. Ausgabe, Bergisch-Gladbach Januar 1988, S. 25

S. 41

- Descartes Philosophenschelte respektive Philosophenrelativierung findet sich etwa in der Mitte des zweiten Teils seines „Discours de la méthode", der erstmals 1637 anonym erschien. Hier übersetzt aus der mit einer Einführung von Alain versehenen Ausgabe Le Livre de Poche Paris 1973, S. 34. Descartes wird durch seine Feststellung zum Anwalt der Toleranz: „Und dann bemerkte ich auf meinen Reisen, daß alle diejenigen, die völlig andere Ansichten haben als wir, deswegen weder Barbaren noch Wilde sind, sondern so manche von ihnen ihren Verstand ebenso gut oder besser gebrauchen."

S. 41/42

• Das Zitat aus Descartes' Korrespondenz und seine Affenge-schichte finden sich in: Wilhelm Weischedel, Philosophische Hintertreppe. 34 große Philosophen in Alltag und Denken, 1966, dtv München 1975, S. 117/118.

Der aus der Marburger Schule stammende Berliner Philoso-phieprofessor Wilhelm Weischedel hat nur mit dieser philo-sophiehistorischen Aufsatzsammlung wirklich Präsenz über Fachkreise hinaus erlangt. Viel zu wenig beachtet wurde sein 1976 bei Suhrkamp posthum erschienenes Werk „Skeptische Ethik", ein bedeutendes, alles andere als nur kathederphilo-sophisches Buch, das hoffentlich noch gelesen wird, wenn die Modephilosophen unserer Tage längst vergessen sind.

S. 42

• Zu der auch heute noch vor allem in christlich-fundamen-talistischen Kreisen beliebten Wendung vom bösen Dämon als Affen Gottes: Alfred Adam, Der Teufel als Gottes Affe. Vorgeschichte eines Lutherwortes. In: Franz Lau (Hrsg.), Luther-Jahrbuch 1961, Lutherisches Verlagshaus Berlin 1961, S. 104 – 109. Obwohl schon Tertullian davon spricht, daß der Teufel die göttlichen Sakramente mit seinen Götzenmyste-rien nachäffe und im Hochmittelalter Teufel als affengestaltig beschrieben und dargestellt werden, tauchen die expliziten Wendungen vom Teufel, der „allezeit Gottes Affe ist und will alle Dinge Gott nachtun und ein Besseres machen" und vom „Affenspiel" des Teufels, das der „Gottsaffe Satan" treibe, offenbar allesamt erstmals bei Martin Luther auf.

S. 43/44

• Wie Johannes Buridanus (1295 – 1358), ein Schüler Wil-helm von Ockhams in Paris, zu seinem Esel kam, ist eine der Hörensagen-Geschichten in der philosophischen Tradition.

Der Grundgedanke geht jedenfalls auf Aristoteles' „de caelo"
zurück und wird in einem Aristoteles-Kommentar Buridans
am Beispiel eines Hundes vorgetragen. Vgl. Enzyklopädie
Philosophie und Wissenschaftstheorie, wie **S. 20**, aber hier
Band 1, S. 362, 363

S. 44
• Zu Geschichte und Formulierungen von „Occam's razor"
wiederum dieselbe Enzyklopädie, jetzt aber Band 2, S. 1059
sowie 1063/1064, aber auch Bertrand Russell, History of
Western Philosophy, Second Edition 1961, Eighth Impres-
sion, Allen and Unwin London 1975, S. 462 – 465

S. 45
• Liliencrons Gedicht „Der Blitzzug" bringt, wenn auch in einer
zeitgebundenen, expressiv-emotionalen Weise, das ambiva-
lente Verhältnis zur Technik zum Ausdruck, das deren literarische und philosophische Wahrnehmung bis heute prägt. In
einer ersten Fassung wohl schon 1859 entstanden, veröffentlicht 1903 in dem Gedichtband „Bunte Beute". Detlev von
Liliencron, Gesammelte Werke, Band 3, Schuster & Loeffler
Berlin 1922, S. 237
• „Fiat Lux!" In unserem Kulturkreis ist es naheliegend, zunächst an das Erste Buch Mose, Genesis I, 3, zu denken.
Mit Luther nach der letzten zu seinen Lebzeiten erschienenen
Wittenberger Ausgabe von 1545: „Und Gott sprach / Es werden Liechter an der Feste des Himels / das sie scheinen auff
Erden ..." Zum Beispiel in: Die gantze Heilige Schrift, dtv
text-bibliothek München 1974, Band 1, S. 25
Dann aber auch die ganze Tradition der Lichtmetaphysik: Par-
menides – Platon – Plotin – Augustinus – Bonaventura – Jacob
Böhme – Herder – Schelling. Für einen Einstieg wieder die schon
bestens bekannte Enzyklopädie, wie **S. 20**, Band 2, S. 608

Später begegnet uns „Fiat Lux!" als Wahlspruch der Aufklärung (bei den allmählich geheimbündlerisch degenerierenden Illuminaten dann allerdings etwas selbstwidersprüchlich) und bis heute mehrerer Freimaurerlogen und verschiedener Universitäten in Nordamerika, z. B. der University of California. Vgl. auch **S. 101**, Ludwig Büchner
Schließlich wird es – horribile dictu – auch Name des deutschen „Ordens" Fiat Lux, der auf „Offenbarungen" zurückgeht, die sich der Gründerin Erika Bertschinger-Eicke, alias Uriella, nach einem Reitunfall mit schweren Kopfverletzungen bemächtigt haben und die zum Beispiel auch zu einer obskuren paramedizinischen Heilertätigkeit geführt haben. Hierzu etwa: : http://cms.bistum-trier.de/bistum-trier/Integr ale?MODULE=Frontend&ACTION=ViewPageView&Filte r.EvaluationMode=standard&PageView.PK=1&Document. PK=42193 (Zugriff zuletzt am 8.11.2011).

- Lichtenberg, vgl. **Motti**, S. 447: „Man spricht viel von Aufklärung und wünscht mehr Licht. Mein Gott, was hilft aber alles Licht ..."
- Zu Nietzsches Spinnengleichnis siehe **S. 26**
- Tante Sapientias und Onkel Curiosos Fiat Lux Spider ist natürlich einmalig. Den Fiat Spider aber gibt es wirklich, ursprünglich fast 200 000 mal. Und die „Bella Macchina" liebt das Licht: „Es war eine echte Schönheit, die Fiat auf dem Turiner Automobilsalon 1966 im Scheinwerferlicht präsentierte. ... Ein echter Sportwagen seiner Zeit, aber heute noch ein unbeschreibliches Spaßgerät bei schönem Wetter." Originalton Fiat Spider Club Deutschland, www.fiat-spider. de (Zugriff zuletzt am 8.11.2011)
Tante Sapientias magischer Fiat kann zwar an prunkvoller Schlichtheit nicht mit dem archetypischen fliegenden Teppich aus „Tausendundeine Nacht" konkurrieren, steht aber in einer

auch schon langen Tradition technikverliebterer literarischer Transportmittel.

S. 46

- Schön erzählt die Geschichte von Pyrrhos Spaziergang Bertrand Russell in der Einführung zu seinen „Sceptical Essays". Wie **S. 20.** Die ursprüngliche schriftliche Quelle für das sumpfige Abenteuer von Pyrrhos' Lehrer Anaxarch dürfte jedoch wiederum der notorische Diogenes Laertius sein. Wie **S. 32,** hier jedoch IX. Buch, Elftes Kapitel, Pyrrhon, Abschnitt 63/64, Zweiter Band, S. 193.

S. 47

- Der Begriff der Epóche (griech. spr. *epoché*, „Anhalten, Ansichhalten"), das Zurückhalten des Urteils, ist ein Grundbegriff der antiken Stoa, dann besonders der Skepsis bei Sextus Empiricus, und taucht später in der phänomenologischen Methode bei der Geschichtsbetrachtung wieder auf. Philosophisches Wörterbuch, 20. Aufl., Kröner Stuttgart 1978, S. 157

S. 48

- Bezüglich des „Erkenne dich selbst!" ist Onkel Curioso hier ein wenig besserwisserisch. Denn sowohl Thales von Milet als auch Chilon von Sparta werden in der Überlieferung als Urheber dieser Inschrift am Apollontempel von Delphi gehandelt. Zum Kernbestand der (nach vorheriger Variation aus bis zu zwanzig Namen) seit dem 4. Jahrhundert v. Chr. traditionell genannten „Sieben Weisen" gehören beide. Meyers Enzyklopädisches Lexikon in 25 Bänden, Bibliographisches Institut Mannheim – Wien – Zürich 1971 – 1979, Stichworte „Gnothi seauton", Band 10, und „Sieben Weise", Band 21

- Thales als ionischer Hans-Guck-in-die-Luft und Sokrates' Kommentar: Platon, Theaitetos, 174 a – b, wie **S. 32,** hier S. 140/141

S. 49
- Onkel Curioso gibt hier eine Geschichte wieder, die Aristoteles in seiner „Politik" über Thales von Milet erzählt. Aristoteles stellt dort Betrachtungen über das Monopol an und bringt als erstes Beispiel, wie man Thales wegen seiner Armut verhöhnte und behauptete, die Philosophie sei unnütz. Dieser habe daraufhin, da er mit Hilfe der Astronomie eine ergiebige Olivenernte voraussah, noch im Winter mit dem wenigen Geld, das er besaß, sämtliche Olivenpressen in weitem Umkreis gepachtet und sie dann in der Erntezeit teuer weiterverpachten können. Aristoteles, Politik, Erstes Buch, 1259 a 6 – 18, wie **S. 30**, S. 64.
Aus heutiger Sicht dürfte Thales Unternehmen eher Kaffeesatzdeuterei im Sinne unserer „Hundertjährigen Kalender" gewesen sein. Lange Zeit waren ja auch Astronomie und Astrologie nicht strikt getrennt. Dieser Beweis für die praktische Nützlichkeit der „Philosophie" beruht also ironischerweise auf Illusion und Glückszufall.
- Wie Sokrates' Denken durch Eidechsenexkremente gestört wurde, schildert der Anti-Aufklärer Aristophanes in „Die Wolken", 168 – 173, wo er Sokrates 423 v. Chr. stellvertretend für die damals moderne, sophistische Philosophie attackiert. Onkel Curioso zitiert hier nach der Übersetzung von Otto Seel, Reclam Stuttgart 1963, S. 13. In seiner Apologie, 19 c, läßt Platon später Sokrates den Vorwurf erheben, daß mit den Attacken in den „Wolken" die erste Grundlage für den fast 25 Jahre später stattfindenden Prozeß gegen ihn gelegt worden sei. Wie **S. 22**, aber Band 1, S. 10/11.
- Ralph Waldo Emerson, Self-Reliance, in: Essays, 1841, Dover

Publications New York 1993, S. 24, deutsch in etwas anderer Übersetzung in: Essays, Magnus Verlag Essen o. J., S. 12

S. 50

- Lapin en paquets, aus: Marianne Kaltenbach, Kulinarische Streifzüge durch die Provence, Sigloch Edition Künzelsau 1990, S. 180/181. Man muß vielleicht nicht alles Übrige aus diesem Buch nachkochen, aber es ist gleichzeitig eine schöne Liebeserklärung an Landschaft und Lebensart der Provence.
- Le clafoutis normand flambé au calvados stammt nochmals aus Francoise Bernards Familien-Kochbuch. Wie **S. 20**, nun S. 215

Eine chinesische Teekanne und eine Kiste Orangen

Die philosophische Bringschuld der Religion

„Was einmal theologisch war, kann niemals wieder logisch werden."

Bonmot Paolos im Gespräch über Descartes mit Francesca di Rimini, Fritz Mauthner, Totengespräche, S. 39. Vgl. **S. 27**

S. 53

- „Wir nennen das im Besorgen begegnende Seiende das Zeug. Im Umgang sind vorfindlich Schreibzeug, Nähzeug, Werk-, Fahr-, Meßzeug." - „Die Seinsart von Zeug, in der es sich von ihm selbst her offenbart, nennen wir die Zuhandenheit." Martin Heidegger, Sein und Zeit, 1927, 17. Aufl., Niemeyer Tübingen 1993, S. 68, S. 69. Auf der Hütte sollte allerdings allerlei zuhanden sein. Vgl. **S. 194**

S. 54

- Die Buchreihe „Kleine Philosophie der Passionen" hat es von 1997 bis 2006 auf immerhin fünfzig Titel gebracht. Der erste Band übers Bergsteigen wurde standesgemäß von einem examinierten Philosophen vorgelegt: dem allerdings eher als Politiker bekannten Heiner Geißler. Die Verlagsidee, die inzwischen auch Bände über „Dessous" oder „Flohmärkte" hervorgebracht hat, wurde von der Neuen Zürcher Zeitung launig begrüßt: „Ob das Prädikat ‚Kleinheit' mit Passionen kompatibel ist, wie es der Titel einer neuen Reihe des Deutschen Taschenbuchverlags will, steht dahin – für uns, die wir uns der Passionen erfreuen oder auch unter ihnen leiden, sind sie immer groß. Im deutschen

Wort ‚Leidenschaft' klingt das, was uns große Lust und Leiden schafft, wie in der lateinischen ‚passio' und dem griechischen ‚pathos' noch nach. – Auch was in der neuen Reihe ‚Philosophie' heißt, bezeichnet einen eher beliebigen Begriff, der alles ‚Nachdenken-über' und ‚Erzählen-von-etwas' umfaßt." Zitiert nach der amazon-Seite von Heiner Geißlers Buch.

S. 55

- Die Abschweifung als intellektuelles Genußmittel verteidigt auch Richard Dawkins: „What is this life if, full of stress, we have no freedom to disgress?" Unweaving the Rainbow, 1998, Penguin London 2006, S. 95
- Warum er im Golf eine schöne Metapher für das Leben an sich sieht, erläutert Robert Redford in einem Interview mit der Süddeutschen Zeitung anlässlich seiner sechsten Regie-Arbeit „Die Legende von Bagger Vance", einem – zumindest für Golfspieler – ebenso unterhaltsamen wie philosophischen Film, der dem Buch von Michael Murphy wohl auch einige Motive verdankt. „Der Unbeugsame", SZ 10.2.2001, S. 16
- Michael Murphy, Golf in the Kingdom, 1972, Penguin Arkana 1997, "The Mystery of the Hole", S. 137. Das ganze Buch ist tatsächlich "a masterpiece on the mysticism of golf", wie der San Francisco Chronicle schrieb. Als psychologische Studie – und nicht zu ernst genommen – bietet es jedenfalls dem passionierten Golfer eine schöne Lektüre, besonders in der warmen Stube während golfabstinenter Winterszeit.

S. 56

- In Plas Penrhyn, walisisch für „das Haus auf der Landzunge", verbrachte Bert-rand Russell seine letzten 16 Lebensjahre bis zu seinem Tod 1970 im Alter von beinahe 98 Jahren. Er schildert das bei dem Dörfchen Minffordd gelegene Haus in seiner Autobiographie (Autobiographie III, 1944 – 1967, suhrkamp taschenbuch Frankfurt a. M. 1974, S. 97) und der

Leser zweifelt nicht, daß auch Bertrand Russell Schopenhauers Lob der schönen Aussicht (**S. 30**) beigepflichtet hätte. Hören wir obendrein seine Tochter Katherine Tait: „My father was never happy in a house without a wide view – and here he found one to delight his heart." My Father Bertrand Russell, 1975, ergänzte Neuausgabe Thoemmes Press Bristol 1996, S. 7. Der Blick geht nördlich über das Tal des Glasslyn bis zum Gipfel des Snowdon, westlich über sein Mündungsdelta nach Porthmadog und südlich aufs Meer. Obendrein ein Haus mit Geschichte, in dem schon im 19. Jahrhundert die sozialkritische Schriftstellerin Elisabeth Gaskill wiederholt bei Verwandten zu Gast war. Heute weiterhin ein privates Wohnhaus.

• Nach dem viel zu frühen Tod von Georg Batz am 3. Juli 2008 ist es an der Zeit, ausdrücklich darauf hinzuweisen, daß er die vorrangige reale Anregung für Georg Denk war und daß diese Figur auch ein kleines literarisches Denkmal für den verdienstvollen philosophischen Kämpfer und Organisator im Dienste der Aufklärung darstellt. Siehe auch http://www.gkpn.de/gbatz.htm (Zugriff zuletzt am 8.11.2011).

S. 57

• Man merke es dem „Unsinnsschmierer" Hegel an, daß dieser oft mehr als zehn Stunden über seinen Pandekten gebrütet habe, sagt Schopenhauer. Nach Safranskis Schopenhauer-Biographie, wie **S. 23**, aber hier S. 421. Originalton Schopenhauer: „Einen widerlichen, geistlosen Scharlatan und beispiellosen Unsinnschmierer, *Hegel*, konnte man, in Deutschland, als den größten Philosophen aller Zeiten ausschreien, und viele Tausende haben es, zwanzig Jahre lang, steif und fest geglaubt ..." Wie **S. 30**, Ergänzungen zum ersten Buch, Kapitel 6, Zur Lehre von der Vernunft-Erkenntniß, S. 97

S. 58

- Über manche Gestalten dieses Buches sollte man besser nicht mit Hilfe von Nachschlagewerken und Internet-Recherchen etwas in Erfahrung zu bringen suchen, so etwa Hans Credorat oder Georg Denk. Und Ludwig Feuerbachs einzige erwachsene Tochter hieß Leonore und war ihm geistesverwandt.

- David Humes Äußerungen über die feine Pariser Gesellschaft und wie er bald das Gefühl entwickelte, hier am falschen Platz zu sein, berichtet Wilhelm Weischedel in seiner Hintertreppe. Wie **S. 41/42**, hier aber S. 173

S. 60

- Der streitbare Philosoph und Publizist Günther Anders argumentiert so in seinen „Ketzereien", Gott 3, Über die Schöpfung, Beck München 1982, S. 36/37.

- Barrows Argument wurde so flott formuliert von Bernulf Kanitscheider in seinem Buch: Kosmologie. Geschichte und Systematik in philosophischer Perspektive, 1984, 2. Aufl., Reclam Stuttgart 1991, S. 460. Bei dem englischen Astronomen, Kosmologen und Philosophen John D. Barrow (The World within the World, Clarendon Press Oxford 1988, S. 227) liest es sich unter der Überschrift "Creation out of nothing?" ursprünglich folgendermaßen: „Anyone who can live with the concept of the Deity as an uncaused cause can surely live with the Universe itself as the uncaused cause. Moreover, there is a sleight of hand in the argument. 'Everything we encounter has a cause, so the Universe must have a cause', the argument goes; but the Universe is not a 'thing' in the same sense. It is a collection of things. Every person has a mother, but this does not mean that we can conclude that every society or every nation has a mother."

- Lichtenberg beschreibt den Menschen wiederholt als „ursachensuchendes Wesen", „der Ursachensucher würde er im System der Geister genannt werden können", bis er dann zu

dieser zoomorphen Metapher greift. Quelle siehe **Motti**, jetzt
S. 410, 415

S. 61

- Bei der Mauer kommt mir Paul Klees Bild „Hauptweg und
  Nebenwege" in den Sinn, dem man noch als Umschlagbild
  meines Buches „Der Glaube eines Glaubensunwilligen" be-
  gegnen wird – auch wenn Klee selbst bei diesem 1929 ent-
  standenen Hauptbild seiner ägyptischen Reise sicherlich ganz
  andere Assoziationen hatte. Museum Ludwig Köln. Schöne
  Reproduktion und Hintergrundinformation auf der Rück-
  seite des Vorsatzblatts in: Will Grohmann, Der Maler Paul
  Klee, Dumont Buchverlag Köln 1977
- Für eine allgemeinverständliche Darstellung der Raum-/Zeit-
  bzw. Raumzeit-Vorstellung von Stephen Hawking siehe sein
  Buch „Das Universum in der Nußschale", Hoffmann und
  Campe Hamburg 2001, hierzu insbesondere S. 40 – 49
- Bernulf Kanitscheider, Vom Anfang und Ende der Zeit,
  in: Eberhard Sens (Hrsg.), Am Fluß des Heraklit. Neue
  kosmologische Perspektiven, Insel Frankfurt a. M und Leipzig
  1993, S. 124 – 137, hier S. 133/134

S. 62

- Bertrand Russells Orangengleichnis findet sich in dem von
  ihm 1927 gehaltenen Vortrag „Warum ich kein Christ bin".
  Abgedruckt im gleichnamigen Buch, Rowohlt Taschenbuch
  Verlag 1968, S. 26

S. 63

- Hans Credorat scheint hier kongenial eine Denkweise zu
  entwickeln, die der von Hans Küng frappierend ähnelt. Wie
  S. **15**, jetzt aber „Der Gott Jesu Christi. Vater der Verlorenen",
  S. 736. Auch wenn sie in einzelnen Zügen daran erinnern,

stehen die Protagonisten dieses Buches jedoch niemals für reale Vorbilder. Sie stehen für sich selbst, allenfalls noch für einen Typus. Es sei denn, sie sind ausdrücklich als historische Gestalten kenntlich gemacht und ihre Worte als Zitate.

Die hier mit gutem Grund Hans Credorat zugeschriebene verschnupfte Reaktion ist allerdings recht typisch. Paul Feyerabend hat sie anläßlich einer anderen philosophisch-theologischen Auseinandersetzung einmal sehr hübsch mit folgendem Bild kommentiert: „Ja, verlieren tun eben die Theologen nicht gerne, wenn man so Wertpapiere im Himmel hat, dann verwünscht man jeden Umstand, der diese Papiere abwertet." Paul Feyerabend – Hans Albert, Briefwechsel Band 2: 1972 – 1986, Brief 47 vom November 1973, kitab-Verlag Klagenfurt – Wien 2009, S. 79

- Viertes Buch Mose, 25: „UND sihe / ein Man aus den Kindern Israel kam / und bracht unter seine Brüder eine Midianitin ... Da das sahe Pineas der son Eleasar des sons Aaron des Priesters stund er auff aus der Gemeine / und nam einen Spies in seine Hand / und gieng dem Jsraelischen man nach hinein in den Hurenwinckeln / und durch stach sie beide den Jsraelischen man / und das Weib durch jren Bauch / da höret die Plage auff von den kindern Jsrael. ... UND der HERR redet mit Mose / und sprach / Thut den Midianitern schaden / und schlahet sie / Denn sie haben euch schaden gethan ... „ Quelle wie S. 45, aber S. 310

- Bezüglich des neuen Testaments lasse man sich nicht durch die Abmilderungsstrategien moderner Bibelübersetzungen täuschen. So lautet etwa Markus 16, 16 in der Zürcher Bibel von 1942 (Deutsche Bibelstiftung Stuttgart 1977, Die Evangelien, S. 74): „Wer gläubig geworden und getauft worden ist, wird gerettet werden; wer aber nicht gläubig geworden ist, wird verurteilt werden." Luther kommt da noch drastischer

zur Sache: Wer da gleubet und getaufft wird / der wird selig werden / wer aber nicht gleubet, der wird verdammt werden." Quelle wie **S. 45** und oben, aber Band 3, S. 2068
- Umfangreiches Material zu intoleranten und inhumanen Bibelstellen bietet das auch sonst (insbesondere wegen der Auseinandersetzung mit Reaktionsmustern von Intellektuellen gegenüber Religion und „religiöser Szene") sehr lesenswerte Buch von Franz Buggle: Denn sie wissen nicht, was sie glauben. Oder warum man redlicherweise nicht mehr Christ sein kann. Eine Streitschrift, Rowohlt Reinbek bei Hamburg 1992, überarbeitete und erweiterte Neuauflage, Alibri Aschaffenburg 2004.
- David Hume vertritt hier eigene und geistesverwandte Argumente. Tenor und teils auch Wortlaut seines Diskussionsbeitrags finden sich in: The Philosophical Works, Bd. 4, Aalen Scientia 1964, S. 399 – 406. Meine Quelle ist die Übersetzung von Norbert Hoerster: Argumente gegen die Unsterblichkeit der Seele, in: Norbert Hoerster (Hrsg.), Religionskritik, Reclam Stuttgart 1984, S. 48 – 57, hierzu insbesondere S. 53/54.

S. 64

- Leibniz' auf Anregung der Königin Sophie Charlotte von Preußen verfaßte, großzügig-versöhnliche Weltbetrachtung präsentiert er uns in seinen „Essais de théodicée sur la bonté de dieu, la liberté de l'homme et l'origine du mal", 1710, kurz: Die Theodicee, Quelle hier die Übersetzung von Julius Heinrich von Kirchmann, Leipzig 1879, S. 168, bequem zugänglich auf der CD-Rom der Digitalen Bibliothek, Philosophie von Platon bis Nietzsche, Directmedia Berlin 2003, S. 17505.
- Die Originalquelle von Stendhals Ausspruch fehlt mir, es handelt sich vielleicht auch nur um eine zugeschriebene Äußerung. Hier zitiert nach: Giroud, F., B.-H. Levy, Die Männer

und die Frauen, Fischer Frankfurt a. M. 1994, S. 45. Vgl. auch S. 143

S. 65
• Bertrand Russells Bekenntnisse stützen sich vor allem auf „My Father Bertrand Russell". Wie S. 56, darin insbesondere S. 46/47

Albert Einstein schildert übrigens ähnliche Empfindungen: „Ich bin ein richtiger ‚Einspänner', der dem Staat, der Heimat, dem Freundeskreis, ja selbst der engeren Familie nie mit ganzem Herzen angehört hat, sondern all diesen Bindungen gegenüber ein nie sich legendes Gefühl der Fremdheit und des Bedürfnisses nach Einsamkeit empfunden hat, ein Gefühl, das sich mit dem Lebensalter noch steigert. Man empfindet scharf, aber ohne Bedauern die Grenze der Verständigung und Konsonanz mit anderen Menschen." Wie ich die Welt sehe, entstanden um 1930, in: Mein Weltbild, Ullstein Frankfurt a. M. – Berlin Wien o. J., S. 8

S. 66
• William James, Der Wille zum Glauben, 1896, in: Ekkehard Martens (Hrsg.), Texte der Philosophie des Pragmatismus, Reclam Stuttgart 1975, S. 128 – 160, hierzu insbesondere S. 145/146 (Generalsgleichnis)

S. 67
• Was Pascal angeht, so wird dieser von James ob seines „toten" rationalistischen Vorschlags zunächst ein wenig abgekanzelt (S. 132/133), im weiteren Verlauf wegen seiner psychologischen Einsichten anerkennend erwähnt (S. 148), und schließlich gelangt James am Ende seines Vortrags zu einem Ergebnis, das, ohne ausdrückliche Bezugnahme auf ihn, Pascals Wette sehr nahekommt.

- Pascals Wette selbst findet sich in seinen 1670 posthum erschienen „Pensées", Section III, De la nécessité du Pari. Zur Wette selbst besonders Fragment 233 „Infini – rien", zum Beispiel in der Ausgabe Le Livre de Poche Paris 1972, S. 111 – 117, besonders S. 114. Zur „Geistesschwäche" derjenigen Ungläubigen, die trotz ihres Unglaubens eines tragischen Lebensgefühls entbehren: Fragment 194, S. 99. Und schon die vorhergehende Section II ist aussagekräftig überschrieben: Misère de L'Homme sans Dieu.
- Hans Blumenbergs Kommentar zu Pascals Wette: Etwas wie Weltordnung. Heimlichkeit der allzu einfachen Formeln, in: Die Sorge geht über den Fluß, Suhrkamp Frankfurt a. M. 1987, S. 133
  Wer keinerlei guten Grund dafür sehen kann, die Existenz Gottes (und insbesondere eines am Wohlergehen von uns Menschen interessierten Gottes) anzunehmen, für den wird Pascals Wette wohl kaum eine attraktive Option darstellen. Eine solche Wette weist aber obendrein noch andere kleine Tücken auf: „Das Problem mit Pascals Wette ist jedoch, daß niemand die Wettbedingungen kennt. Vielleicht zieht Gott den ehrlichen Atheisten dem berechnenden Pascal vor. Vielleicht gefällt Gott das Drama einer Bekehrung auf dem Totenbett nach einem aus dem vollen gelebten Leben besser als durchgehaltene Frömmigkeit." Daniel Harbour, An Intelligent Person's Guide to Atheism, Duckworth London 2001, S. 139, The aleatoric addendum

S. 67/68
- Eine – allerdings etwa lieblose – Kurzfassung der Geschichte von Pyrrho und dem auf Seereise befindlichen Schwein bringt wiederum Diogenes Laertius. Wie **S. 32** und passim, jetzt aber IX. Buch, Abschnitt 68, S. 195. Wohl darauf zurückgehend, aber sehr viel schöner, wird die Geschichte von Montaigne erzählt,

und auf dessen Version stützt sich auch Onkel Curioso. Michel de Montaigne, Essais, erstmals 1580, Auswahl und Übertragung von Herbert Lüthy, Manesse Zürich 1953, Daß unsere Empfindung des Guten und Bösen großenteils von der Meinung abhängt, die wir davon haben, Erstes Buch, XIV, S. 96

S. 68
- Otto Neuraths Schiffsumbaugleichnisse erörtert Hans Blumenberg in einem der besonders lohnenden Abschnitte seines oben genannten Buches (**S. 67**): An Bord. Transformationen einer Metapher, S. 122 – 129, hierzu insbesondere 125 – 127. Zu Otto Neurath vgl. auch **S. 182/183**

S. 68/69
- David Hume verwendete seine Version der Schiffs- und Seereisen-Metapher zur Positionsbestimmung und als eine Art Zwischenbilanz am Ende des Ersten Buches seines „Traktats über die menschliche Natur", das er 1739 als 28-Jähriger veröffentlichte. A Treatise of Human Nature, Book One, Section VII, Conclusion of this Book. Zum Beispiel: Fontana/Collins Glasgow 1962, 4. Aufl. 1975, S. 313
Zu Platons Variation des Schiffergleichnisses vgl. **S. 182 – S. 184** und ausführlich zur Tradition der „Daseinsmetaphorik" von Seefahrt, Schiffbruch und Zuschauer: Hans Blumenberg, Beobachtungen an Metaphern, Archiv für Begriffsgeschichte XV/2, 1971, S. 161 – 214, hierzu S. 171 – 190

S. 69
- Immanuel Kant, Der einzig mögliche Beweisgrund zu einer Demonstration des Daseyns Gottes, Kanter Königsberg 1763, Vorrede, S. 3. Auch dieses Werk findet man auf derselben CD-Rom wie Leibniz' „Abhandlungen zur Rechtfertigung Gottes". Vgl. **S. 64**

- Zu den allzu dünnen „Realitäten" gehören für Nietzsche in dieser Passage aus der „Fröhlichen Wissenschaft" alle humanitären Ideale. So kann die Quittung aussehen, wenn man sich angreifbar macht, indem man solche Ideale metaphysisch begründen zu müssen glaubt und sich nicht mit einer kulturellen und konventionellen Absicherung zufrieden geben will. Fünftes Buch, Abschnitt 377, Wir Heimatlosen, S. 273 der auf S. 27 zitierten Ausgabe

S. 69/70

- „Ich halte die Existenz des christlichen Gottes für keineswegs wahrscheinlicher als die Existenz der Götter des Olymp oder der von Walhalla.", konstatiert Bertrand Russell und benutzt sein Gleichnis vom „china teapot revolving in an elliptic orbit between earth and mars", um dies zu veranschaulichen. Brief an Mr. Major, 18.3.1958, in: Bertrand Russell, Briefe aus den Jahren 1950 – 1968, Melzer Frankfurt 1970, S. 33. Ursprünglich in „Dear Bertrand Russell", Allen & Unwin London 1969 und auch in dem sehr lohnenden Bändchen „Bertrand Russell's Best. Silhouettes in Satire", 1958, Allen & Unwin London 1975, S. 54/55

S. 70

- „ ... die Freigeisterei unserer Herren Naturforscher und Physiologen ist in meinen Augen ein *Spaß* – ihnen fehlt die Leidenschaft in diesen Dingen, das *Leiden* an ihnen – ... ", sagt Nietzsche in seinem Antichrist, wobei er sich allerdings nicht unmittelbar auf den Gottesgedanken, sondern auf das Christentum bezieht als einer Religion, die „die Partei alles Schwachen, Niedrigen, Mißratnen" genommen habe. Friedrich Nietzsche, Der Antichrist. Fluch auf das Christentum, 1895, Abschnitt 8 und 5. Zum Beispiel in: Nietzsche Studienausgabe Fischer Bücherei Frankfurt a. M. 1968, Bd. 3, S. 184 und 182

- Nietzsches „toller Mensch" entstammt wiederum der „Fröhlichen Wissenschaft". Wie **S.** 27, Abschnitt 125, S. 137 – 139
- Diogenes' Menschensuche mit der Laterne: Die Anekdoten über ihn wurden seit dem Altertum vielfach überliefert und stehen nicht alle bei Diogenes Laertius. Eine frühe Erwähnung dieser Episode findet sich zum Beispiel 207 n. Chr. bei dem Kirchenvater Tertullian: „Diogenes, der bekannte Kläffer, wünschte einen Menschen zu finden, als er mit der Laterne am Mittage umherging." Adversus Marcionem. Gegen Marcion, I. Buch, 1., 4. Absatz, Übersetzung von H. Kellner, 1882. Leicht zugänglich über: www.tertullian.org/works/adversus_marcionem.htm (Zugriff zuletzt 8.11.2011). Ausführlich beschäftigt sich mit dem Motiv: Reinhard Brandt, wie **Vorbemerkung**, Kapitel XV, Diogenes sucht einen Menschen, Abschnitt II, Diogenes, Laternenmann und Aufklärer, S. 188 – 192.

S. 71

- Buddhas Schatten: Die Fröhliche Wissenschaft, Drittes Buch, Abschnitt 108. Wie **S.** 27 und passim, S. 125

S. 72

- Blaise Pascal, Pensées, Fragment 199, wie **S.** 67, aber hier S. 103
- Demnach könnte Günther Anders auch schon einen Abreißkalender besessen haben, in dem sich Bernhardsche Sprüche zum Tage fanden (so wie in meinem am 19. Dezember 2003). Die Kalendermacher sind allerdings etwas locker mit dem Text des österreichischen Schriftstellers und Bärbeiß-Philosophen Thomas Bernhard (1931 – 1989) umgegangen. Der lässt nämlich einen der beiden Protagonisten seines ersten Romans, den Maler Strauch, sagen: „Das Leben ist ein

Prozeß, den man verliert, was man auch tut und wer man auch ist." Frost, Insel Verlag Frankfurt a. M. 1963, Suhrkamp Taschenbuch, 1. Aufl., Frankfurt a. M. 1972, S. 207. Ähnlich lapidar schon früher Wilhelm Busch: „Das Leben wird schließlich mit dem Tode bestraft." Aphorismen und Reime, wie **Motti**. Band II, S. 881

S. 73

• Leo N. Tolstoi, Meine Beichte, verfaßt 1879, erstmals 1882 veröffentlicht. Die Metaphorik wirkt ein wenig überladen, wenn zur Symbolisierung des in Tagen und Nächten dahinschwindenden Lebens auch noch davon die Rede ist, daß eine schwarze und eine weiße Maus im gleichen Takt um den Strauch herumlaufen und ihn benagen. Die Stelle findet sich sprachlich sehr schön (allerdings ganz schlicht nur mit einer Sorte Mäuse, also interessanterweise in diesem Fall wohl durch die Verfremdung mehrfachen Hin- und Herübersetzens eher verbessert) bei Paul Edwards: Unglaube, Pessimismus und Sinn des Lebens, in: Glaube und Vernunft. Texte zur Religionsphilosophie, Hrsg. Nobert Hoerster, Reclam Stuttgart 1985, S. 331 – 365, hier S. 338. Ursprünglich: Paul Edwards, Meaning and Value of Life, in: Paul Edwards (Hrsg.), The Encyclopedia of Philosophy, Band 4, New York Macmillan 1967, S. 467 – 476. Eine etwas schwächere, aber offenbar genauere Übersetzung bringt der auch sonst sehr lohnende Sammelband „Der Sinn des Lebens", Hrsg. Christoph Fehige, Georg Meggle und Ulla Wessels, dtv München 2000, hier S. 57, 58. Tolstoi spricht selbst von einem weithin bekannten „morgenländischen Märchen", aber er hat die Geschichte für sein Lebensgefühl umgeformt. In einem klassischen indischen Text aus dem Heldenepos Mahâbhârata vermitteln die Empfindungen des Mannes, der sich am Brunnenrand in einer höchst prekären Lage befindet, ein ganz anderes Resümee: „Weiße und schwarze Mäuse tauchten auf und fingen an, die Wurzeln anzunagen, an denen der Mann hing. In diesem Augenblick flogen gefährliche Bienen über die Brunnenöffnung und ließen Honigtropfen fallen. Da löste der Mann eine Hand und streckte langsam und vorsichtig einen Finger aus. Er streckte den Finger aus, um die Honigtropfen aufzufangen. Bedroht von so vielen Gefahren, am Rande des Todes, war er doch nicht gleichgültig, sondern beseelt vom Geschmack des Honigs." Zitiert nach Jean-Claude Carrière, wie **S. 25**, aber S. 99/100

S. 74

- So der leider recht früh verstorbene, nach einem einigermaßen turbulenten Lebenslauf am Ende doch noch auf einen Marburger Philosophie-Lehrstuhl gelangte Friedrich Albert Lange in seinem nach wie vor lesenswerten, differenziert weltanschauungskritischen und in vielen Passagen erstaunlich hellsichtigen und modernen Buch „Geschichte des Materialismus und Kritik seiner Bedeutung in der Gegenwart", J. Baedeker Iserlohn 1866, hier S. 184. Den „windigen Gegner" hat das Wehen seines Geistes weiter in die Zukunft geblasen, als es der sozialen Integration förderlich war: „Wer weiß übrigens, ob der Sinn der Existenz des Menschen nicht in seiner Existenz selbst liegt? Vielleicht ist er aufs Geradewohl auf einen Punkt der Erdoberfläche geworfen worden, ohne daß man wissen kann, wie und warum; sondern nur, daß er leben und sterben muß, jenen Pilzen ähnlich, die von einem Tag zum andern erscheinen, oder jenen Blumen, die die Gräber begrenzen und das Gemäuer bedecken." Julien Offray de La Mettrie, L'homme machine. Die Maschine Mensch, französisch-deutsch, Meiner Hamburg 1990, S. 84 – 87

S. 74/75
- William Paleys „Natural Theology", 1811, 2. Aufl. 1828, wird
hier zitiert nach: Richard Dawkins, Der blinde Uhrmacher.
Ein neues Plädoyer für den Darwinismus, Kindler München
1987, S. 17. Zu Dawkins vgl. auch **S. 106.**
Das Uhrengleichnis wurde von Paley zwar besonders schön
und wirkungsmächtig formuliert, hat aber schon eine lange
Vorgeschichte, die bis zu Ciceros „De natura deorum" reicht,
wo er (II, 87 - 88) unter Bezugnahme auf Wasser- und Sonnen-
uhren sowie einen feinmechanischen Himmelsglobus schon
ganz genau denselben Gedanken präsentiert. Einen schönen
Überblick mit vielen Originalstellen gibt die umfangreiche
Studie des Züricher Germanisten Paul Michel: Physikotheo-
logie. Ursprünge, Leistung und Niedergang einer Denkform,
Neujahrsblatt auf das Jahr 2008, Gelehrte Gesellschaft Zürich 2008, speziell zum Uhrengleichnis S. 50 – 52. Auch
online zugänglich unter: www.symbolforschung.ch/files/pdf/
Michel_Physikotheologie.pdf (Zugriff zuletzt 8.11.2011)

S. 75
- Wenn man liest, was F. A. Lange bereits 1866 schreibt, so
möchte man kaum glauben, daß es heutzutage noch und wieder eine einflußreiche „Intelligent Design"-Bewegung gibt:
„Die meisten, welche der neueren Naturwissenschaft gegenüber noch an der Teleologie glauben festhalten zu dürfen, klam-
mern sich an die Lücken der wissenschaftlichen Erkenntniss,
und übersehen dabei, dass wenigstens die *bisherige Form* der
Teleologie, die *anthropomorphe* durch die Thatsachen gänzlich
beseitigt ist. ... Die ganze Teleologie hat ihre Wurzel in der
Ansicht, dass der Baumeister der Welten so verfährt, dass der
Mensch nach Analogie menschlichen Vernunftgebrauches
sein Verfahren zweckmäßig nennen muß. ... Es ist nun aber
gar nicht mehr zu bezweifeln, dass die Natur in einer Weise

fortschreitet, welche mit menschlicher Zweckmäßigkeit keine Ähnlichkeit hat ..." Kurz darauf folgt dann die Stelle, die Günther Anders in unserem Dialog zitiert. Wie S. 74, aber jetzt S. 402/403

S. 77

- Ludwig Feuerbach, Das Wesen des Christentums, 1841, 3. Aufl. Leipzig 1849, hier nach Reclam Stuttgart 1971. Unsere Stelle findet sich am Ende des Vorworts zur ersten Auflage, S. 12 der Reclam-Ausgabe, wo Feuerbach schon prophetisch davon spricht, daß es Krankheiten gebe, die auch für das helle, sonnenklare Wasser der natürlichen Vernunft als Antidotum des Supranaturalismus unheilbar seien.
Eine ganz wesentlich ästhetisch begründete Verteidigung des Christentums hatte, noch im Brustton voller Überzeugung, Anfang des 19. Jahrhunderts Francois René Vicomte de Chateaubriand gegeben: Le Génie du Christianisme ou Beautés de la Religion Chrétienne, 1802, 1828. Meine Ausgabe: Génie du Christianisme, Pourrat Frères Paris 1838. Deutsch wiederholt zwischen 1803 und 1857. Und wann wohl wieder? 2004! Der Geist des Christentums, Morus Verlag Berlin. Die katholische Kirche hatte allerdings wenig Freude an dieser „unernsten" Religionsauffassung und hat das Werk auf den Index gesetzt. Vgl. auch S. 197

S. 78/79

- David Hume trägt hier nochmals Gedanken vor, die sich in anderem Arrangement in „Argumente gegen die Unsterblichkeit der Seele" finden. Quelle wie S. 63, aber jetzt S. 55 – 57

S. 79
- Voltaire an Friedrich den Großen im Juli 1737. In: Voltaire – Friedrich der Große. Briefwechsel, ausgewählt, vorgestellt und übersetzt von Hans Pleschinski, Haffmanns Zürich 1992, hier nach der Lizenzausgabe dtv München 1994, Brief 17, S. 71/72

S. 80
- Leider sind die Schriften des aus Italien stammenden europäischen Kosmopoliten Ferdinando Galiani (1728 – 1787) nur verstreut zugänglich. Er schrieb über Nationalökonomie, verfaßte das Libretto einer erfolgreichen neapolitanischen Buffo-Oper („Socrate immaginario") und war ein großer Briefeschreiber (Briefwechsel mit Madame d'Epinay u. a.). Die hier zitierte Bemerkung stammt aus: Galiani, Gedanken, Beobachtungen, Dialoge, in: Die französischen Moralisten. Neue Folge. Galiani – Fürst von Ligne – Joubert. Verdeutscht und herausgegeben von Fritz Schalk, Dieterisch'sche Verlagsbuchhandlung Wiesbaden 1946, erneut als Sonderausgabe für die Lesergemeinschaft „Freunde der Weltliteratur" o. J. (wohl 1952), S. 1 – 90, hier S. 3

Der kristalline Weltkleber
und der unsichtbare Gärtner

Über Einfachheit und Sprachartistik

S. 81
- In der Abneigung der Deutschen gegenüber jeglicher (man möchte hinzufügen: vorzugsweise geistiger) Frivolität sieht Friedrich Albert Lange den Grund dafür, daß de La Mettrie Deutschland erschreckte. Wie **S. 74**, aber jetzt S. 187. Zu de La Mettrie vgl. auch **S. 114** und insbesondere **S. 140**

S. 82
- Die Ratschläge Francis Bacons über die Führung einer Unterhaltung kommen nicht von ungefähr: In prominenten Positionen an den Höfen von Elisabeth I. und James I. konnte er reichlich Erfahrung darin sammeln, was als Gesprächsthema opportun ist und was man tunlichst meiden sollte. Seine philosophischen Verdienste sind unbestreitbar (vgl. auch **S. 24**), seine menschlichen Qualitäten aber recht zweifelhaft. Er scheint ein ziemlich rücksichtsloser Intrigant mit einiger Selbstüberschätzung gewesen zu sein. Schon bald nachdem er die Position des Lordkanzlers und damit auch des obersten Richters erreicht hatte, stürzte er 1621 infolge einer Verurteilung wegen Bestechlichkeit. Unsere Stelle hier stammt aus den Essays, 1625. Deutsche Übersetzung: Essays oder praktische und moralische Ratschläge, 32. Über die Unterhaltung, Reclam Stuttgart 1970, S. 114
- Die Geschichte von Galileis Kontroverse mit Ludovico delle Colombe erzählt der amerikanische Bürgerrechtler und Philosoph Corliss Lamont in seinem Buch „The Philosophy of Humanism", 1949, Sixth Edition, Frederick Ungar New York 1982, S. 126/127.

- Zu Ockhams Rasiermesser vgl. S. 44

S. 83

- Die Wendung von „den Formelnetzen der metaphysischen Wegelagerer", von denen wir uns erst allmählich befreien, verwendet Friedrich Albert Lange in seinem inzwischen schon bestens bekannten Buch (wie S. 74 und passim, jetzt S. 222) bei der Behandlung des Materialismus des achtzehnten Jahrhunderts. Er schrieb den Deutschen 1866 nicht gerade eine führende Rolle in diesem Befreiungskampf zu, wenn er auch gewisse Tendenzen zur Besserung sah: „Wenn in Leibniz deutscher Tiefsinn gegen den Materialismus reagierte, so war es bei seinen Nachbetern die deutsche Pedanterie. Die Unart, endlose Begriffsbestimmungen aufzustellen, mit denen zuletzt gar nichts Sachliches ausgemacht wird, war unserer Nation tief eingewurzelt. Sie überwuchert noch das ganze System Kants ... "

S. 83/84

- Antony Flew erzählt das ursprünglich auf eine Geschichte von J. Wisdom in seinem Aufsatz „Götter" zurückgehende Gärtner-Gleichnis in seinem Artikel „Theologie und Falsifikation". In: Sprachlogik des Glaubens, Hrsg. U. Dalferth, Kaiser München 1974, S. 84 – 87. Hier wiedergegeben nach: Antony Flew, Die Forderung nach Falsifizierbarkeit, in: Glaube und Vernunft, wie S. 73, S. 212 – 215. Gut drei Seiten, die auch ausreichen gegen alles, was an Theodizee immer wieder vorgebracht wurde und wird. Obwohl Antony Flew (fälschlich oft Anthony Flew) sich auf seiner alten Tage noch von Intelligent-Design-Argumenten beeindrucken und im Jahre 2004 einen Deisten nennen ließ, hat er zumindest an der Ablehnung konfessionell ausgeschmückter Gottesvorstellungen und jeglicher Theodizee festgehalten. Trotzdem Begeisterung auf religiöser Seite über diese Teil-Konversion im Alter von über 80 Jahren: „Antony Flew, world-class philosophical atheist, becomes deist." – vielfach kommuniziert im Internet, so etwa auf der Seite http://theroadtoemmaus.org/RdLb/21PbAr/Apl/FlewTheist.htm (Zugriff zuletzt 8.11.2011).

S. 84

• Victor Hugo berichtet, ein Monsieur Arago habe als seine Lieblingsanekdote eben diese Begegnung zwischen Napoleon und Laplace erzählt mit der hier zitierten Äußerung. Quelle: Internet-Seite der Universität von Caen zum 250. Geburtstag von Laplace 1999, www.math.unicaen.fr/~reyssat/laplace/ (Zugriff zuletzt 8.11.2011).

• Lalandes Äußerung aus seinem zweiten „Bekenntnis" von 1805 wird zitiert nach Fritz Mauthners monumentalem Werk „Der Atheismus und seine Geschichte im Abendlande", 1920 – 1923, Neuausgabe Eichborn Frankfurt a. M. 1989, Drittes Buch, Elfter Abschnitt, Napoleon, Band III, S. 439. Lalande ließ sich auch als „christlichen Atheisten" bezeichnen: Sein Atheismus sei das Ergebnis seiner Weltanschauung, sein Christentum die Frucht seiner Menschenkenntnis. (S. 439/440)

S. 85

• Rousseaus abfällige Bemerkungen über die moralische Minderwertigkeit des Atheismus gehören in ähnlicher Form leider heute noch vielerorts zum Standardrepertoire theologischer Rhetorik, insbesondere bei katholischen Bischöfen, Kardinälen bis hin zum Papst. Die beiden Bemerkungen stammen aus dem 4. Buch seines „Emile oder über die Erziehung", 1762, hier nach der Ausgabe Reclam Stuttgart 1995, S. 539 und S. 596.

• Zwar ist „Crimes and Misdemeanors" der explizit philosophischere Film, aber inzwischen hat Woody Allen selbst 2005 mit „Matchpoint" starke Konkurrenz für einen Filmabend über Leidenschaft, Schuld und Gewissen geschaffen. Noch härtere Kost: Fatal durchschnittlich wirkt die Oberflächlichkeit der Protagonisten. Und die große, die entscheidende Rolle, die der blinde Glückszufall für unser Leben spielt, gehört auch nicht gerade zu den vergnüglichen philosophischen Wahrheiten. Gott und Religion sind fast völlig verschwunden, eine quantité négligeable, die nur noch in einem einzigen abgewürgten Diskussionsfetzen und dem Auftreten eines Geistlichen als Staffage anläßlich zweier Hochzeiten erscheint, vage noch in einer Geistererscheinung, die sich jedoch mühelos als Folge des nicht ganz ausschaltbaren psychischen Phänomens „Gewissen" deuten läßt. Beinahe könnte man beginnen, Gott und die Religion zu vermissen, angesichts des fast völligen Fehlens säkularer Moralität in diesen von Begierde und Nützlichkeitserwägungen bestimmten Leben.

S.85/86
- William James denkt in „Der Wille zum Glauben", insbesondere den Abschnitten II. und III., über „lebendige" und „tote" Hypothesen nach. (Quelle wie **S. 66**, hierzu insbesondere S. 131 – 138) Er hätte sicherlich seine Freude an der Analyse von Friedrich Albert Lange gehabt. (Quelle hierzu wiederum wie **S. 74** und passim, jetzt S. 540) Auch Wilhelm Busch hat dieses Problem ganz klar gesehen. Vgl. **S. 119/120**

S. 86
- Quelle zu Rousseau wie **S. 85**, aber jetzt S. 625

S. 87
- Erich Neumann, Tiefenpsychologie und neue Ethik, 1948, 3. Aufl., Kindler München 1973, S. 137. Nietzsche hat diesem Rindengeschöpf schon 75 Jahre vorher in expressivem

Realismus seinen Platz zugewiesen (wenn er sich dabei auch ein wenig blind zeigt für das Potential des Menschen, seine eigenen Werte und seinen eigenen Sinn zu setzen): „In irgend einem abgelegenen Winkel des in zahllosen Sonnensystemen flimmernd ausgegossenen Weltalls gab es einmal ein Gestirn, auf dem kluge Thiere das Erkennen erfanden. Es war die hochmüthigste und verlogenste Minute der ‚Weltgeschichte‘: aber doch nur eine Minute. Nach wenigen Athemzügen der Natur erstarrte das Gestirn, und die klugen Thiere mußten sterben. – So könnte Jemand eine Fabel erfinden und würde doch nicht genügend illustrirt haben, wie kläglich, wie schattenhaft und flüchtig, wie zwecklos und beliebig sich der menschliche Intellekt innerhalb der Natur ausnimmt; es gab Ewigkeiten, in denen er nicht war; wenn es wieder mit ihm vorbei ist, wird sich nichts begeben haben." Friedrich Nietzsche, Über Wahrheit und Lüge im außermoralischen Sinne, 1873, In: Kritische Studienausgabe, Hrsg. G. Colli, M. Montinari, dtv München 1980, 2., durchgesehene Auflage 1988, Neuausgabe 1999, Bd. 1, S. 875. In modernisierter Rechtschreibung auch auf der CD-Rom „Friedrich Nietzsche: Werke", Digitale Bibliothek Directmedia Berlin 2000, S. 8584. In der Tradition dieses Denkens spricht Kanitscheider vom menschlichen Intellekt als einer „kleinen geistigen Schwankung", die – wie alle anderen eventuellen „spirituellen Fluktuationen" im Universum – im Fluß der Vergänglichkeit untergehen wird. Bernulf Kanitscheider, Die Materie und ihre Schatten. Naturalistische Wissenschaftsphilosophie, Alibri Aschaffenburg 2007, S. 200. Und später läßt er sich von einem Vers Antonio Machados („… Caminante, no hay camino sino estelas en la mar.") zu einer philosophischen Schiffsmetapher inspirieren, die für die condition humaine als ganzes steht: „Das Schiff des Lebens hinterlässt für eine Weile mit seinem Kielwasser Spuren im Ozean. Eine Zeit lang sieht man den Schaum der Wellen, den unsere Barke nach sich zieht, aber bald

vermischt sich das erregte Wasser wieder mit der unermeßlichen Umgebung, und das Meer zeigt wieder seine ungestörte Oberfläche. Dies ist die Situation, in der sich jeder Einzelne und ebenso auch die Menschheit insgesamt befindet." Entzauberte Welt. Über den Sinn des Lebens in uns selbst. Eine Streitschrift, Hirzel Stuttgart 2008, I. Die Bedeutung von Sinn, S. 9
• Voltaire läßt seine Menschenmäuse oder Mausmenschen in einem Brief an Friedrich den Großen vom September 1736 auftreten, und trotz aller Fortschritte der Kosmologie kann man diesem Bild nach wie vor einiges abgewinnen, auch wenn man zumindest hinzufügen möchte „ ... noch ob es überhaupt einen Baumeister gibt." Wie S. 79, aber hier Brief 2, S. 14
• Günther Anders: „Krankenhaus". In: wie S. 60, aber hier S. 221

S. 87/88
• „Ensuite, me montrant d'une main le ciel, la tête élevée et le regard d'un inspiré: ‚Voyez cela, dit-il, le lever du soleil, en dissipant la vapeur qui couvre la terre et en m'exposant la scène brillante et merveilleuse de la nature, dissipe en même temps les brouillards de mon esprit. Je retrouve ma fois, mon Dieu, ma croyance en lui. Je l'admire, je l'adore, et me prosterne en sa présence." Jean-Jacques Rousseau hat verschiedentlich über Gefühle religiöser Andacht und Erhebung berichtet, die Natureindrücke und insbesondere der Sonnenaufgang in ihm auslösten. Die hier von David Hume verwendete, besonders emphatische Stelle wird von Madame d'Epinay in ihren Memoiren als Tagebucheintrag berichtet. Text im Buch nach der deutschen Übersetzung in der auf S. 85 genannten Ausgabe des „Emile", Anmerkung 67 zum 4. Buch, S. 995. Diese Memoiren wurden allerdings von ihrer Autorin literarisch zugerichtet (so erscheint Rousseau unter dem Namen Monsieur René) und obendrein durch spätere Bearbeitungen verfälscht. Zur komplexen Textgeschichte: Les pseudo-memoires de Ma-

dame d'Epinay. Histoire de Madame de Montbrillant. Texte intégral publié pour la première fois avec une introduction, des variantes, des notes et des compléments par Georges Roth, 3 Bände, Paris Gallimard 1951. Die französische Original-stelle findet sich im Band 2, S. 426.

- Rousseaus Vergleich der Materialisten mit den Tauben findet sich im 4. Buch des „Emile", ebenso seine Empfehlung, alle zu fliehen, „die, unter dem Vorwand, die Natur zu erklären, trostlose Doktrinen in die Herzen der Menschen säen." Wie **S. 85**, aber S. 572 und S. 635

S. 88
- Rousseau, La Nouvelle Heloise, 1761. Meine Ausgabe: Julie ou la Nouvelle Heloise, Garnier-Flammarion Paris 1967

S. 89
- Auch Rousseaus Treibgut-Gleichnis stammt aus dem 4. Buch des „Emile". Es findet sich auf den ersten Seiten im „Glaubensbekenntnis des savoyischen Vikars". Wie **S. 85**, S. 548

S. 90
- Das Reisegleichnis wird hier wiedergegeben nach: John Hick, Verifikation im Jenseits, in: Glaube und Vernunft, wie **S. 73**, aber jetzt S. 218 – 226, hier insbesondere S. 220/221. Ursprünglich in: John Hick, Philosophy of Religion, Second Edition, Prentice-Hall Eaglewood Cliffs 1973, S. 90 – 95. Die Bezeichnung "Religionsphilosoph" trifft das in der Nachfolge kantischer Begrifflichkeit stehende Denken des Engländers John Hick auch besser als "Theologe".
- Bertrand Russell zieht sein lebensbejahendes Resümee mit 95 Jahren in der Einleitung zu seiner Autobiographie: „Wofür ich gelebt habe". Vgl. **S. 56**, aber hier Autobiographie I, 1872 – 1914, ebd. 1972, S. 8

S. 90/91

• Die pessimistische Lebenseinschätzung, die in der hier in die Hicksche Reisegeschichte eingebauten Äußerung von Clarence Darrow zum Ausdruck kommt, hinderte Darrow nicht daran, ein ausgesprochen engagiertes Leben zu führen. Er war ein rhetorisch außerordentlich begabter amerikanischer Anwalt, der in berühmten Prozessen Siege gegen die Todesstrafe und den christlichen Fundamentalismus in den Schulen errang. Im Scopes-Prozess („Affenprozeß") verteidigte er 1925 unter großem öffentlichen Aufsehen einen Lehrer, der trotz eines entsprechenden gesetzlichen Verbots die Evolutionslehre an den öffentlichen Schulen von Tennessee gelehrt hatte. Informationen über ihn: The Encyclopedia of Unbelief, Editor Gordon Stein, Prometheus Books Buffalo 1985 (überhaupt ein sehr interessantes Nachschlagewerk, auch zum Stöbern), Volume 1, A – K, S. 127 – 129. Oder auch: The Clarence Darrow Homepage, www.law.umkc.edu/faculty/projects/ftrials/Darrow.htm (Zugriff zuletzt 8.11.2011). Und ein schöner kompakter Artikel von Clarence Darrow selbst: "Why I am an Agnostic". Unter: http://www.infidels.org/library/historical/clarence_darrow/why_i_am_an_agnostic.html (Zugriff zuletzt 8.11.2011). Die im Buch zitierten Stellen von Darrow finden sich bei Paul Edwards. Wie S. 73, hier S. 337

S. 92/93

• John Leslie, Universes, Routledge London und New York 1989, Paperback Edition 1996, S. 13/14. Ein sehr geschichtenfreudiges Buch, was nicht wenig zu seinen Qualitäten beiträgt und Hans Credorat veranlassen wird, uns in Kürze noch ein wenig mehr daraus zu erzählen.

S. 93

• William James wird hier das Würfelgleichnis des Abbé Galiani nach einer Schilderung aus den „Mémoires" des Abbé Morellet in den Mund gelegt. Sie findet sich bei Fritz Mauthner, wie **S. 84**, Drittes Buch, Fünfter Abschnitt, Holbach, S. 134.

S. 94
- Des chinesischen Seidenhändlers Daumen (eine von Ernest Bramah erzählte Geschichte) interessiert John Leslie (wie **S. 92/93**) insbesondere auf den S. 10 und 190.

S. 94/95
- Das Gleichnis von den Affen, die Sonette zustande bringen sollen, erörtert John Leslie auf den S. 14/15 seines obengenannten Buches.

S. 95
- „Ist nun dein Zitterrochen selbst auch erstarrt, wenn er andere erstarren macht, dann gleiche ich ihm; wenn aber nicht, dann nicht." Menon vergleicht Sokrates mit einem Zitterrochen, der seine Partner im Gespräch zum Erzittern und Erstarren bringe. Sokrates aber wehrt sich gegen den Vorwurf, er betreibe rhetorische Betäubung. Platon, Menon, 80 a – d. Zum Beispiel in: wie **S. 22**, Band 2, S. 20/21

S. 97
- Paul Edwards wirft dies Tolstoi (vgl. **S. 73**) und Clarence Darrow (vgl. **S. 90/91**) vor. Wie **S. 73**, aber hier S. 344

S. 97/98
- Eine vor Bedeutungsschwere triefende Metaphernsammlung gebärdet sich als große Philosophie: Martin Heidegger, Der Feldweg, 1953, 9. Aufl., Vittorio Klostermann Frankfurt a. M. 1991, S. 4, S. 5.

S. 98

• Für Hans Blumenberg führen gerade die Umwege zur Kultur. Wie **S. 67**, aber hier S. 137/138

S. 99

• Noch mehr Dunkelheit oder aber eine scheinbar besondere Begabung für Hellsichtigkeit als Eigenheiten theologischen Auftretens – dieses Bild aus Diderots „Pensées philosophiques" zitiere ich wiederum nach Fritz Mauthner, wie **S. 84**, jetzt Drittes Buch, Dritter Abschnitt, Diderot, Band III, S. 84. Es findet sich noch nicht in der Erstausgabe der „Pensées philosophiques" von 1746. Mauthner entnimmt es offenbar einer ergänzten Fassung in den von Naigeon herausgegebenen „Oeuvres de Denis Diderot", Desray et Deterville Paris 1798.

• Paul Thiry Baron d'Holbachs Vergleich der Theologen und ihrer Schäflein mit den Blinden findet sich ebenfalls bei Mauthner, Drittes Buch, Fünfter Abschnitt, Band III, S. 143. Die Originalstelle in d'Holbachs 1770 erstmals erschienenem „Système de la nature": Tome II, Chapitre II, reprografischer Nachdruck der Ausgabe Paris 1821, Olms Hildesheim – Zürich – New York 1994, Band II, S. 88. Im nächsten Jahrhundert wird das Gleichnis von den Blinden in der Religionskritik Heinrich Heines dann schon mit einem Unterton von historischer Distanz präsentiert: „In dunkeln Zeiten wurden die Völker am besten durch die Religion geleitet, wie in stockfinstrer Nacht ein Blinder unser bester Wegweiser ist; er kennt Wege und Stege besser als ein Sehender – Es ist aber töricht, sobald es Tag ist, noch immer die alten Blinden als Wegweiser zu gebrauchen." Gedanken und Einfälle, erstmals 13 Jahre posthum 1869, zum Beispiel in: Werke Band 4, Sonderausgabe in 2 Bänden nach der Ausgabe von Oskar Walzel Leipzig 1911 – 1915, Löwit Wiesbaden o. J., Band 2, S. 437

• Feldwege sprechen wohl nur mit philosophischen Sprachkünstlermeistern aus Deutschland. Also nochmals der berühmt-berüchtigte Martin H. (Quelle wie **S. 97/98**, S. 7), der zwar den Zuspruch des Feldwegs hörte, aber allenfalls ganz leise den des Anstands, wenn es etwa um die Entfernung jüdischer Wissenschaftlerkollegen aus der Freiburger Universität oder eine eindeutige, öffentlich wahrnehmbare spätere Auseinandersetzung mit diesem Verhalten ging.

S. 100

- Palindrome: altgriechisch „das Zurücklaufende". Eine große Fundgrube hierzu ist Hansgeorg Stengels „Pendelbuch für Rechts- und Linksleser": ANNASUSANNA, 1984, 2. Aufl., (Ost)Berlin 1986, später mehrfache Neuauflagen, zuletzt 2004.
- Schön ausgebaut findet sich der paradiesische Dialog bei Gérard Villemin: http://villemin.gerard.free.fr/Langue/Palindro. htm (Zugriff zuletzt 8.11.2011).
  Die ersten jemals ausgesprochenen Palindrome:
  "MADAM'I'MADAM"
  "EVE"
  "EVEN IN EDEN I WIN EDEN IN EVE"
  "MAD ADAM"
- Zum Gavagai: Willard van Orman Quine, Word and Object, 1960, Twenty second printing, The MIT Press Cambridge 1997, S. 29 ff.

S. 100/101

- Schopenhauer wird die Abkanzelung des Englischen und die Kritik an der Entwicklung der Sprachen im allgemeinen zum Anlaß, das Fortschrittsdenken gleich generell zu attackieren: „Diese allmälige Degradation ist ein bedenkliches Argument gegen die beliebten Theorien unserer so nüchtern lächelnden Optimisten vom ‚stetigen Fortschritt der Menschheit zum

Bessern', wozu sie die deplorable Geschichte des bipedischen Geschlechts verdrehen möchten." Paralipomena, Kapitel 25, Über Sprache und Worte, § 298 a, in: wie **S. 38**, aber S. 663

S. 101

- Der Zauberer als Aufklärer (wenn auch natürlich nicht über die eigenen Tricks): Ein prominentes Beispiel ist James „The Amazing" Randi, der sich öffentlichkeitswirksam mit Löffelverbiegern, Geistheilern, Wünschelrutengängern etc. auseinandergesetzt hat. Seit Jahren bleibt er auf der durch seine Stiftung bei Goldman und Sachs hinterlegten Million Dollar sitzen, die für denjenigen ausgelobt ist, dem es gelänge, vorher beschriebene paranormale, übernatürliche oder okkulte Kräfte oder Ereignisse unter vereinbarten Testbedingungen unter Beweis zu stellen. Dokumentation seiner Arbeit: Festschrift zur Verleihung des Erwin-Fischer-Preises 2004 an James Randi, Alibri Verlag Aschaffenburg 2005. Oder: http://en.wikipedia.org/wiki/James_Randi (Zugriff zuletzt 8.11.2011).
- In ANNASUSANNA sieht Stengel den GEISTSIEG allerdings an der Dominanz der Freßlust scheitern und nicht an geistiger Hochstapelei. Wie **S. 100**, hier S. 32
- Nietzsches Bemerkung über den wahren Tiefsinn ist die Sentenz 173 der „Fröhlichen Wissenschaft". Wie **S. 27** und passim, jetzt S. 156
- Den Vorschlag der „doppelten Buchführung", „wonach man sich zwei verschiedene Gewissen, ein naturwissenschaftliches und ein religiöses, anschaffen und dieselben zur Ruhe der eigenen Seele streng getrennt halten solle, da sich beide nicht miteinander vereinigen lassen", hat schon Ludwig Büchner als einen unakzeptablen „Verlegenheitsrath" zurückgewiesen. In: Kraft und Stoff oder Grundzüge der natürlichen Weltordnung, erstmals 1855, Theod. Thomas Leipzig 1902, Die

Naturgesetze, I., S. 66. Für Klarheit dieser Art verurteilte der Senat der Tübinger Universität das Buch als Ausdruck „einer äußerst niedrigen und rohen materialistischen Weltansicht" und entzog dem Bruder Georg Büchners die Lehrerlaubnis, was ihn zwang, in die väterliche Arztpraxis nach Darmstadt zurückzukehren, seine publizistische Aktivität jedoch keineswegs zum Erliegen brachte. Ludwig Büchner beendet sein Buch übrigens mit der Feststellung, nur die Anerkennung einer naturalistischen Philosophie könne das *fiat lux!* wahr werden lassen. (S. 290) Vgl. auch **S. 45**

Die Bewußtseinsspaltung bezüglich Wissenschaft und Religion wird für mehrere zeitgenössische prominente deutsche Intellektuelle – insbesondere auch Carl Friedrich von Weizsäcker und Hoimar von Ditfurth – durch Franz Buggle detailliert nachvollzogen (vgl. **S. 63**). Als Erklärung für dieses Verhalten bietet sich in erster Linie die tiefe emotionale Verankerung der Religion während der Kindheit an.

Eine flotte Attacke gegen diese Art der doppelten Buchführung in der Wissenschaft und in der Gesellschaft ganz allgemein reitet auch Herbert Uhlen: Vom ungläubigen Thomas lernen. Warum sich Wissenschaft und Religion nicht vertragen, Karin Fischer Verlag Aachen 2006.

S. 102

- Das aus der heute vom Aussterben bedrohten, nordaustralischen Eingeborenensprache Guugu Yimithirr stammende Wort „Gangurru" wurde von James Cook erstmals aufgezeichnet und ging über das englische „kangaroo" als „Känguru" auch ins Deutsche ein. Die Version, die David Hume hier in den Mund gelegt wird, paßt schön zur Geschichte vom Gavagai, ist allerdings ebenso falsch wie folgende weitere Bedeutungen die für „Gangurru" im Lauf der Zeit angeboten wurden, nämlich: „Was haben sie gesagt?" oder „Was ist das für ein Tier?" oder auch „Es hüpft mit vier Beinen". Die im Buch verwendete Bedeutung von Känguru wird von Willy Hochkeppel in seinem Nachruf auf W. v. O. Quine kolportiert: „Im Dschungel der Sprache", Süddeutsche Zeitung 2. Januar 2001, S. 17. Für die übrigen Bedeutungen: Internet-Recherche zu Känguru und Guugu Yimithirr: http:// en.wikipedia.org/wiki/Guugu_Yimithirr_language (Zugriff zuletzt 8.11.2011). Es hat beinahe 200 Jahre gedauert, bis nach vielfachen Irrwegen geklärt werden konnte, daß „Gangurru" in Guugu Yimithirr tatsächlich die Bezeichnung für eine spezielle Känguru-Art, nämlich das große graue Känguru, ist. Zu dieser sprachforscherischen Detektivgeschichte und weiteren ganz ungewöhnlichen Eigenheiten dieser Eingeborenensprache siehe Guy Deutschers auch sonst äußerst lohnendes Buch „Through the Language Glass. How Words Colour Your World", Heinemann London 2010, S. 157 – 193, auch auf deutsch: „Im Spiegel der Sprache", Beck München 2010.

Eine Herde Stachelschweine und ein Schneesturm

... und was sie mit unserem Verhalten zu tun haben

S. 103

- Thomas Henry Huxley, Agnosticism and Christianity, in: Science and Christian Tradition, Collected Essays, Volume V, Macmillan and Co. London 1895, S. 309 – 365, hier S. 316
- Aristoteles hat den Menschen als Gemeinschaftswesen unter verschiedenen Gesichtspunkten betrachtet. Das berühmte Zoon politikon bezieht sich auf den Menschen als staatenbildendes Lebewesen. Politik, Erstes Buch, 1253 a 2, wie **S. 30**, aber hier S. 49. In der Nikomachischen Ethik dagegen liegt der Schwerpunkt auf der Betrachtung des Menschen als Gemeinschaftswesen in seiner Beziehung zu Familienmitgliedern, Freunden und Mitbürgern. Nikomachische Ethik, insbesondere Erstes Buch, 1097 b 8 – 10, Achtes Buch, Anfang, 1155 a 3 – 37, Ausgabe zum Beispiel: Reclam Stuttgart 1969, S. 15 und S. 213/214, Übers. F. Dirlmeier. Schöner, wenn auch offenbar mit mehr Freiheiten seitens des Übersetzers A. Lasson (schon beginnend mit der Einfügung der Überschriften), liest sich der Anfang des Achten Buchs auf der CD-Rom „Philosophie von Platon bis Nietzsche", vgl. **S. 64**, S. 5035 – 5037, III. Teil, Die menschlichen Gemeinschaften, 1. Die Bestimmung des Menschen zur Gemeinschaft, S. 341 – 343.
- Schopenhauer ist seine Stachelschwein-Geschichte Gleichnis für die gesellschaftlichen Bedürfnisse der Mehrheit. Auch eine Geselligkeit, die sich durch einen von „Höflichkeit und feiner Sitte" geprägten mittleren Abstand auszeichnet, propagiert er nicht gerade: „Wer jedoch viel innere Wärme hat, bleibt lieber aus der Gesellschaft weg, um keine Beschwerde zu geben

noch zu empfangen." Paralipomena, Kapitel 31, Gleichnisse, Parabeln und Fabeln, § 396, wie S. **38**, hier jedoch S. 765

S. 104
- Die wildeste Paraphrasierung des Menschen als „Untier" hat sich Ulrich Horstmann mit einem antihumanen Pamphlet geleistet, das an die düstere Seite Schopenhauers anknüpft: Das Untier. Konturen einer Philosophie der Menschenflucht, Medusa Wien – Berlin 1983.
- Zur Soziobiologie muß es nicht unbedingt das schon historische Werk „Sociobiology – The New Synthesis" des Gründervaters Edward Osborne Wilson von 1975 sein. Einen guten Eindruck gibt zum Beispiel: Eckart Voland, Grundriß der Soziobiologie, 1993, 2. Aufl., Spektrum Akademischer Verlag Heidelberg – Berlin 2000. Und gegen alle Überbetonungen einzelner Konzepte in der Evolutionstheorie: John Dupré, Darwin's Legacy. What Evolution Means Today, Oxford University Press 2003

S. 105/106
- Albert Camus, L'Etranger, Gallimard Paris 1942. Die erste und unzweifelhaft bedrückendste Erzählung Camus'. Berichte in den Zeitungen über Verbrechen ohne erkennbare Motive oder jedenfalls ohne Motive, die in einer auch nur halbwegs nachvollziehbaren Relation zur Tat stehen, rufen sie mir immer wieder ins Gedächtnis.

S. 106
- Unabhängig davon, in welchem Maße seine evolutionsbiologischen Konzepte im Detail zutreffen, ist Richard Dawkins ein verdienstvoller und sprachmächtiger Aufklärer. Und er ist produktiv auch in seinen Grenzüberschreitungen, zum Beispiel in dem Konzept der „Meme". Vgl. auch S. **74/75**.

Besonders lohnend ist auch sein 2006 erschienenes Buch „The God Delusion", Bantam Press London, deutsch „Der Gotteswahn", Ullstein Berlin 2007. Nicht nur ein Frontalangriff auf die Religion, sondern ein sehr guter konzentrierter Überblick über den weltanschauungsrelevanten Stand wissenschaftlicher Erkenntnis. Vgl. auch **S. 164**

- In unmittelbarem Anschluß an die hier zitierte Stelle warnt Shaftesbury mit Blick auf den Menschen oder auch den Lauf der Welt überhaupt bereits vor allen allzu vereinfachen Erklärungen: „There are more wheels and counterpoises in this engine than are easily imagined." Anthony, Earl of Shaftesbury, Characteristics of Men, Manners, Opinions, Times, 1711, Volume One, Treatise I, Section III, The Bobbs-Merrill Company Indianapolis – New York 1964, S. 77

S. 107

- „It is impossible, therefore, that the character of natural and unnatural can ever, in any sense, mark the boundaries of vice and virtue." David Hume, A Treatise of Human Nature, Book III, Of Morals, Section II, Moral distinctions from a moral sense, 1740, Ausgabe wie **S. 68/69**, aber hier Band 2, Books Two and Three, S. 208. Mit dieser ebenso unabweisbaren wie unangenehmen Erkenntnis Humes' kämpfen die Philosophen nach wie vor. Der Sein-Sollen-Fehlschluß bedarf einer modernen Präzisierung und Interpretation. Mehr dazu im Abschnitt 2.1. „Entschlüsse und Begründung" der Neubearbeitung von „Der Glaube eines Glaubensunwilligen". Leider reicht das in der menschlichen Natur liegende Verhalten von Mitmenschlichkeit und Solidarität bis hin zur ideologisch gerechtfertigten Massenvernichtung. Gegensätzliche Werte und moralische Überzeugungen sind Fakten. Es lohnt sich zwar, rational darüber zu diskutieren, weil man so Widersprüchlichkeiten erkennen und günstigenfalls auch ideologische Dogmen erschüttern kann. Aber letztlich müssen Entscheidungen getroffen werden, um persönliche Überzeugungen und soziale Konventionen zu rechtfertigen und zu stützen. Wer sich durchsetzt, bestimmt der Kampf, hoffentlich in der zivilisierten Form einer Auseinandersetzung in Diskurs und demokratischen Ritualen. Als ultima ratio kommen aber auch liberale Demokratien an Gewalt nicht vorbei.

S. 107/108
- Fjodor M. Dostojewski, Schuld und Sühne (Rodion Raskolnikow), 1866, dtv München 1977. Wenige Bücher in der Weltliteratur haben einen ähnlich großen Nachhall erzeugt, noch bis hin zum Doppelmord in Woody Allens „Matchpoint". (**S. 85**) Bedauerlicherweise sind offenbar manche Nachfolger Raskolnikows sehr viel erfolgreicher bei der Beruhigung ihres Gewissens. Dostojewski war jedenfalls in bedrückendem Maße hellsichtig, wenn sein scharfsinniger Untersuchungsrichter Porfirij Petrowitsch dem Täter, der sich noch in seinem rationalistischen Rechtfertigungsgebäude verschanzt, folgendermaßen zu Leibe rückt: „Er ermordete zwei Menschen aufgrund einer Theorie." (S. 583) „Es ist nur gut, daß Sie bloß das alte Weib umgebracht haben. Hätten Sie sich eine andere Theorie in den Kopf gesetzt, Sie wären sicher imstande gewesen, etwas hundertmillionenfach Abscheulicheres anzurichten!" (S. 589)

S. 109
- William K. Frankena, Ethics, 1963, hier zitiert nach der deutschen Übersetzung von Norbert Hoerster: Analytische Ethik. Eine Einführung, 1972, 2. Aufl. dtv München 1975, S. 9
- R. M. Hare, The Language of Morals, 1952, Reprint Oxford University Press 1975, S. 1. Kurze biographische Angaben und Literatur zu Richard Mervyn Hare zum Beispiel in der

schon mehrfach erwähnten Enzyklopädie, vgl. **S. 20**. „Alles“ über den 2002 verstorbenen Hare kann man finden, wenn man die Biographie- und Gedenkseite des Balliol College in Oxford als Startplatz benutzt: www.balliol.ox.ac.uk/history/ miscellany/hare/index.asp. Als Beispiel für die produktive Klarheit dieses Moralphilosophen sei ein Aufsatz erwähnt, den ich besonders schätze: Abortion and the Golden Rule, 1975, Abdruck in: Bioethics. An Anthology, Hrsg. Helga Kuhse und Peter Singer, Blackwell Oxford 1999, S. 58 – 68.

S. 109/110
- William James kämpft sich mit uns durch den Schneesturm am Ende seiner berühmten, 1896 veröffentlichten Ansprache an die philosophischen Vereine der Yale- und der Brown-Universität. Vgl. **S. 66**, hier S. 158

S. 110
- Wir jedenfalls durften schon zusammen mit Tante Sapientia erleben, wie Pyrrho die skeptische Suspendierung des Urteils vorexerzierte. Vgl. **S. 46 – 48**
- Die Tonne und die Sonne: Diogenes Laertius, wie **S. 32**, VI. Buch, Zweites Kapitel, Abschnitt 23, Erster Band, S. 306 sowie Abschnitt 38, S. 313. Zur Laterne vgl. schon **S. 70**

S. 111
- Bei Diogenes Laertius sind die Philosophen mehrfach recht eifrig mit dem Kraut- oder Kohlwaschen beschäftigt, wie **S. 32**, hier II. Buch, Achtes Kapitel, Aristippos, Abschnitt 68, Abschnitt 102, Erster Band, S. 107, S. 123; VI. Buch, Zweites Kapitel, Diogenes, Abschnitt 56, Zweiter Band, S. 323.

S. 111/112
- Montaignes Kommentar zu der antiken Kohlwascherei: Essais,

Apologie des Raimund Sebundus/Fragmente, Zweites Buch, XII, wie S. **67/68**, hier S. 478
- Als Benedikt XVI. noch nicht Papst und schon nicht mehr Theologieprofessor war, sondern Joseph Kardinal Ratzinger, Prefetto della Sacra Congregazione per la Dottrina della Fede (bis 1908 hätte man gesagt: Chef der Inquisition), hielt er 1984 einen Festvortrag anläßlich der 72. Fortbildungstage für Ärzte in Regensburg: Der Streit um die Moral. Fragen der Grundlegung ethischer Werte. Unsere Stelle findet sich auf S. 7/8.

S. 112/113
- Ratzingers Fortsetzung: S. 13 des eben zitierten Vortrags

S. 113
- Montaigne war ein unerschrockener Denker und so fand er schon zum moralischen und rechtsphilosophischen Relativismus (nicht Indifferentismus): „Die Wahrheit müßte ein immer und überall gleiches Gesicht zeigen. Wenn der Mensch einen Rechtssinn und eine Gerechtigkeit kennte, die Bestand und wahrhaftes Wesen hätten, würde er sie nicht an die Übung der Gebräuche dieses Landes oder jenes andern knüpfen... " Wie S. **111/112**, aber S. 476 für diese Stelle und S. 477 für Onkel Curiosos Zitat
- Für Maupassant ist diese Feststellung Anlaß, leidenschaftlich für eine von Menschlichkeit bestimmte Moral einzutreten. Vorwort zu Paul Ginisty, L'Amour à Trois, Paris 1884. In: Guy de Maupassant, Die Liebe zu dritt. Geistreiche Plaudereien über das Leben und die Kunst, dtv München 1993, S. 9

S. 114
- De La Mettries Ausspruch über die „eingebildeten Henker des Jenseits" findet sich einmal mehr bei Fritz Mauthner, wie

S. 84, jetzt aber Drittes Buch, Fünfter Abschnitt, Lamettrie, Bd. III, S. 122.
- Religion als „Prothese der Moral" diskutiert Hans Albert in seinem Buch „Das Elend der Theologie. Kritische Auseinandersetzung mit Hans Küng", Hoffmann und Campe Hamburg 1979, S. 198, erweiterte Neuauflage, Alibri Aschaffenburg 2005, S. 175.

S. 115
- Lichtenbergs Satz hat durch die islamistischen Kopfabschneider wieder beklemmende Aktualität gewonnen. Wie **Motti,** hier S. 185
- Die Ringparabel: Dritter Aufzug, Siebenter Auftritt in „Nathan der Weise". Zum Beispiel in: Lessings Werke, Erster Band, Insel Verlag Frankfurt a. M. 1967, S. 531 – 535
- Die Wahrheitsneutralisierung stehe allein dem Nichtglaubenden zu, sagt Günther Anders, wenn er Lessing diesen Vorwurf macht. In: Die Antiquiertheit des Menschen, 1980, Nachdruck der 4., unveränderten Auflage, Beck München 1987, Band 2, S. 370. Das Unwohlsein, das sowohl Onkel Curioso als auch Günther Anders befällt, wenn uns die Religion „in frommem Betrug" unter Absehung von ihrem Wahrheitswert als Stütze der Moralität angetragen werden soll, hat schon Schopenhauer empfunden. Sagt doch sein Philalethes: „Mag immerhin die Religion ein exzellentes Abrichtungs- und Zähmungsmittel des verkehrten, stumpfen und boshaften bipedischen Geschlechtes sein, in den Augen des Freundes der Wahrheit bleibt jede fraus, sei sie auch noch so pia, verwerflich." Paralipomena, Kapitel 15, Über Religion, § 174, Ein Dialog, wie **S. 38**, aber hier S. 403. Vgl. auch **S. 119**

S. 117

- Francis Bacon wendet sich mit diesem Bild allerdings in erster Linie gegen alle umstürzlerischen Handlungen, zu denen das gemeine Volk unter Berufung auf Gewissensgründe angestachelt und verleitet wird. Essays, wie **S. 82**, aber jetzt: 3. Über die Einigkeit in der Religion, S. 13
- Wolfgang Stegmüller, Metaphysik, Skepsis, Wissenschaft, zweite, verbesserte Auflage, Springer Berlin – Heidelberg – New York 1969, Neue Einleitung, S. 28
- Die „*religiös* ‚Unmusikalischen'". Bertrand Russell leiht sich einen Begriff, der auf Max Weber zurückgeht: Einleitung in die Wirtschaftsethik der Weltreligionen, Abschnitt „Virtuosen- und Massenreligiosität", 1916. Zum Beispiel in: Max Weber, Soziologie. Universalgeschichtliche Analysen. Politik, Kröner Stuttgart 1973, S. 423
- Und damit nicht genug, nimmt Bertrand Russell hier, was den Ersatz von Realitätsentsprechung durch soziale Verankerung als Immunisierungsverfahren der Religion angeht, auch gleich noch eine lebenszeitüberschreitende Anleihe bei Hans Albert: Traktat über kritische Vernunft, 5., verbesserte und erweiterte Auflage, Mohr Tübingen 1991, IV. Kapitel, Geist und Gesellschaft, 15. Die Seinsverbundenheit des Denkens als wissenschaftliches Problem, S. 113/114.

S. 118

- Luthers Käthe soll allerdings respektvollen Abstand zu dem ihr als Kuriosität angepriesenen, atheistischen Rabbi Hirsch gehalten haben und nur furchtsam durch die halbgeöffnete Tür geblinzelt haben. So will es jedenfalls die ebenso hübsche wie subversive anekdotische Disputation „Ein Tischgespräch bei Martin Luther" von Josef Popper-Lynkeus. In: Phantasien eines Realisten, 1899, 1909, Erb Verlag Düsseldorf 1980, S. 42 – 58, hier S. 57. Das Buch des wackeren österreichischen

Aufklärers wurde im Übrigen von den Staatsanwaltschaften von Österreich-Ungarn und Rußland "aus Gründen der Sittlichkeit" – in Wahrheit aber wegen seiner antimilitaristischen und antiklerikalen Lehren – konfisziert und blieb bis 1922, also ein Jahr nach dem Tod von Popper-Lynkeus, verboten. Wirkung entfaltete es trotz der Zensur. Einstein und Freud schätzten den Autor.

- Friedrich der Große an Voltaire am 6. Juli 1737, nachdem er zuvor festgestellt hat, es fehle in Deutschland nicht an abergläubischen und von Vorurteilen beherrschten Leuten sowie unverbesserlichen, aus Unwissenheit zum Gebrauch der Vernunft unfähigen, bösartigen Fanatikern und man müsse im Dunstkreis solcher Untertanen vorsichtig sein. Wie **S. 79**, aber hier Brief 16, S. 66

S. 119

- „Das religiöse Elend ist in einem der *Ausdruck* des wirklichen Elends und in einem die *Protestation* gegen das wirkliche Elend. Die Religion ist der Seufzer der bedrängten Kreatur, das Gemüt einer herzlosen Welt, wie sie der Geist geistloser Zustände ist. Sie ist das *Opium* des Volks. ... Die Kritik der Religion ist also im *Keim* die *Kritik des Jammertales*, dessen *Heiligenschein* die Religion ist." Karl Marx verdient unzweifelhaft einen Platz unter den Schöpfern der philosophischen Bilderwelt. Leider gibt es allerdings Faktoren, die sich unserer Beherrschung entziehen und das menschliche Leben selbst in einer Wohlstandsgesellschaft noch zum Jammertal machen können. Karl Marx, Zur Kritik der Hegelschen Rechtsphilosophie, Einleitung, S. 3, 1843/44, Erstdruck in: Deutsch-Französische Jahrbücher, Paris 1844, CD-Rom Philosophie von Platon bis Nietzsche, wie **S. 64**, S. 48280
- Bei Lenin gibt's dann die harte propagandistische Variante: „Diejenigen aber, die von fremder Arbeit leben, lehrt

die Religion Wohltätigkeit hienieden, womit sie ihnen eine recht billige Rechtfertigung ihres ganzen Ausbeuterdaseins anbietet und Eintrittskarten für die himmlische Seligkeit zu erschwinglichen Preisen verkauft. Die Religion ist das Opium des Volks. Die Religion ist eine Art geistigen Fusels, in dem die Sklaven des Kapitals ihr Menschenantlitz und ihre Ansprüche auf ein halbwegs menschenwürdiges Leben ersäufen." Wladimir I. Lenin, Sozialismus und Religion, 1905. In: Ders., Über die Religion. Eine Auswahl, 4. Aufl., Dietz Berlin 1988, S. 39/40

• Schopenhauers Äußerung über die Religion als Krücke für schlechte Staatsverfassungen wird zwar gern vom einen zum anderen weiterzitiert. Die Quellenangabe sucht man jedoch vergebens, und ich konnte die Originalstelle bisher nicht finden. Möglicherweise handelt es sich nur um eine zugeschriebene Äußerung. Passen würde sie schon zu ihm, denkt man etwa an das, was Philalethes im Dialog „Über Religion" sagt: „O ja, den Fürsten ist der Herrgott der Knecht Ruprecht, mit dem sie die großen Kinder zu Bette jagen, wenn nichts anderes mehr helfen will; daher sie auch viel auf ihn halten." Wie S. 38, aber Kapitel 15, Über Religion, § 174, S. 407. Vgl. auch S. 114

• Günther Anders über Frankl: „Nicht als ‚Opium fürs Volk' gelten ihm die Religionen, sondern als ‚*Kaffee fürs Volk*'. Verschmitzt lächelt jemand im Hintergrunde: der große Mann, der schon vor mehr als hundert Jahren behauptet hat, ‚wahr' sei nur ein Tarnwort für ‚lebensfördernd': der jeden ‚Sinn' bestreitende und jeden Glauben weit von sich weisende Urvater des Nihilismus: Nietzsche. Die Kluft zwischen beiden ist freilich unüberbrückbar..." Wie S. 115, S. 372

• Viktor E. Frankl: „Es gibt keine Lebenssituation, die wirklich sinnlos wäre. Dies ist darauf zurückzuführen, daß die scheinbar negativen Seiten der menschlichen Existenz, insbesondere jene tragische Trias, zu der sich Leid, Schuld und Tod

zusammenfügen, auch in etwas Positives, in eine Leistung umgestaltet werden können, wenn ihnen nur mit der rechten Haltung und Einstellung begegnet wird." Der Mensch auf der Suche nach dem Sinn, 1959, Herder Taschenbuch, 2. Aufl., Freiburg im Breisgau 1973, S. 120.
Im Gegensatz zu Frankl bin ich überzeugt, daß es Situationen gibt, wo ein Mensch ganz zu Recht nicht mehr danach strebt, seinem Leben einen Sinn zu geben, sondern nur noch wünscht, daß es vorbei sein möge.

S. 119/120
• Wilhelm Busch, Brief an Maria Anderson vom 4. Mai 1875, wie **Motti**, S. 844

S. 120
• Die Anekdote vom pragmatischen Rabbi erzählt Paul Kurtz in einer Erörterung der sozialen Funktionen und Loyalitätsforderungen der Religionen. In: Ders., The New Skepticism. Inquiry and Reliable Knowledge, Prometheus Buffalo 1992, S. 228/229
• Der Drache „Du-sollst" liegt dem Löwen am Wege in Friedrich Nietzsches „Also sprach Zarathustra. Ein Buch für alle und keinen", 1883 – 1885. Hier: Die Reden Zarathustras. Von den drei Verwandlungen. Meine Ausgabe: Goldmann Klassiker München o. J., S. 22

S. 121
• „So geschmeidig war er im Wählen und Verwerfen", sagt Diogenes Laertius zu diesem Verhalten des Aristipp. Wie **S. 32**, hier II. Buch, Achtes Kapitel, Aristippos, Abschnitt 67, Erster Band, S. 106/107

S. 121/122

- Selbst spröde Heftchen der Universität Bremen können Beiträge zur philosophischen Bilderwelt enthalten: Rainer Hegselmann, Worin könnte moralische Bildung bestehen? Ein Minimalideal. In: Holzapfel, G. (Hrsg.), Ethik und Erwachsenenbildung, Universität Bremen 1990, S. 16 – 40, hier S. 19/20

Eine Reise in Frankreich

Nahrung für Körper und Geist

S. 124
- Zu Wilhelm Buschs Satz vgl. **S. 32**

S. 125
- Machiavelli erteilt diesen Ratschlag in Maurice Jolys Gesprächen in der Unterwelt zwischen Machiavelli und Montesquieu, vgl. **S. 27, S. 63/64.**
- Als „die größte Satire gegen die menschliche Begeisterung" bezeichnete Heinrich Heine 1837 Cervantes' „Don Quijote". Onkel Curioso zitiert hier den Anfang nach der klassischen Übersetzung von Ludwig Tieck, 1799 – 1801. Mit den Illustrationen von Gustave Doré und einem Essay von Heinrich Heine: Leben und Taten des scharfsinnigen Edlen Don Quixote von La Mancha, Diogenes Zürich 1987, als Diogenes Taschenbuch wiederholt seit 1992, Textstelle: S. 7, Heines Bemerkung: S. 1018

S. 128
- Vin mousseux, méthode champenoise – so hießen die champagneräquivalenten Winzersekte aus anderen Weingegenden Frankreichs, bis es den Weinbauern und Kellereien der Champagne in den siebziger Jahren des 20. Jahrhunderts gelang, allen anderen die Verwendung des Begriffs „méthode champenoise" zu verbieten und sie auf die Bezeichnung „Crémant" zu verdrängen.

S. 129
- Jostein Gaarder, Sofies Welt, Oslo 1991, deutsch: Hanser München Wien 1993. Eine solide, harte, aber gerechte Aus-

einandersetzung mit diesem Buch hat Joachim Kahl geleistet: Eine Kritik an Jostein Gaarders „Sofies Welt", Aufklärung und Kritik, 4. Jahrgang, 1/1997, S. 47 – 60.

S. 130

- Onkel Curiosos Sympathie für die hartnäckigen Villenbesitzer in Ehren – aber ob Golo Mann dort glücklich war, erscheint bei Beschäftigung mit den biographischen Details recht zweifelhaft. Für einen Einstieg vgl. den biographischen Abriß von Susanne Beyer in „Der Spiegel", Nr. 12, 15. März 2004, geringfügig umgestellt online zugänglich unter: http://www.exilarchiv.de/Joomla/index.php?option=com_content&task=view&id=782&Itemid=66 (mit Literatur, Zugriff zuletzt 9.11.2011). – Dem Vater Thomas Mann lag es sehr am Herzen, bei jedem Ortswechsel erst einmal angenehme bürgerliche Lebensumstände herzustellen, wozu er glücklicherweise stets die finanziellen Mittel hatte. Nachdem es ihm auch in der Emigration gelungen war, kurz vor Kriegseintritt der USA und Einstellung der privaten Bautätigkeit, ein schönes Haus in den Hügeln von Santa Monica zu errichten, prägte Hermann Kesten den erwähnten schillernden Ehrentitel. Klaus Schröter, Thomas Mann, rororo Bildmonographie Reinbek bei Hamburg 1964, 1975, S. 128
- Dies ist ein persönlicher Ratschlag respektive ein persönliches Bekenntnis Fontenelles. Vgl. S. 27, so zitiert in der Einleitung des Herausgebers und Übersetzers Werner Langer, S. XVII
- Eckhart Nickel: Hoffentlich ist es Platon. Doofies Welt – über die Infantilisierung der Hochkultur, Süddeutsche Zeitung, 3./4. Januar 1998, S. 13

S. 131

- Zu Wilhelm Weischedel vgl. S. 41/42
- Wer könnte der neapolitanische Professor anders sein als Lu-

ciano de Crescenzos Professore Bellavista? Also sprach Bellavista. Neapel, Liebe und Freiheit, 1977, Diogenes Taschenbuch Zürich 1988
- Ein Beispiel für die teils sehr bemühte Popularisierung der Philosophie und der Philosophen: Otto A. Böhmer, Als Schopenhauer ins Rutschen kam, Beck München 1997. Viel besser schon: Frédéric Pagès, Le philosophe sort à cinq heures, 1993, deutsch: Frühstück bei Sokrates. Philosophen ganz privat, dtv München 1997. Dort die zutreffende, mit diversen Beispielen recht gut belegte Feststellung, die selbst schon wieder zur Bilderwelt der Philosophen gehört: „Ein Philosoph wird häufig durch seine kleinen, leichten, kurzen Bücher bekannt, seine schwächlichen Kinder, Arbeiten, auf die er nichts gewettet hätte." (S. 174)
- Die Idee „Der Lehrer und das Mädchen" wurde abgekupfert in: Nora K., Vittorio Hösle, Das Cafe der toten Philosophen, Beck München 2001. Eine wilde Mischung aus authentischem Briefwechsel und phantastischer Geschichte – philosophic fiction im Dienste idealistisch-religiöser Restauration. 2004 dann eine andere Variante: Andreas Gross, Luzies Welt, Verlag Neue Literatur Jena. Diffuse „Ganzheitlichkeit" als Gegenpol zu Naturwissenschaft und weltanschauungskritischer Philosophie.

S. 132
- Auch in meinem Leben ist Bertrand Russells Autobiographie eines der wesentlichen Bücher. Vgl. S. 56, S. 90

S. 133
- Mit der „Historia calamitatum Abaelardi", der Leidensgeschichte Abélards, entstanden 1135, und dem Briefwechsel mit Héloïse beginnt die moderne Autobiographie und Bekenntnisliteratur. Eine gute Ausgabe beider Texte mit instruktivem

Anhang und Nachwort: Abaelard, der Briefwechsel mit Heloisa, Reclam Stuttgart 1989. Abélard hat im Nominalismus-Streit einen intelligenten Kompromiss gefunden: „universalia in rebus" – die Universalien sind über gemeinsame Wesensmerkmale in den Dingen. Schöne kurze Darstellungen von Leben und philosophischer Bedeutung geben: Hans Joachim Störig, Kleine Weltgeschichte der Philosophie, überarbeitete Neuausgabe Fischer Taschenbuch Verlag Frankfurt a. M. 1999, S. 272 – 275, oder auch: Bertrand Russell, wie S. 44, aber hier S. 429 – 431.

S. 133/134

* In den 1988 erstmals erschienenen „Satanischen Versen", die Salman Rushdie so teuer zu stehen gekommen sind, weil er deswegen vom Ajatollah Chomeini der Blasphemie beschuldigt und zum antiislamischen Popanz aufgebaut wurde, gibt es ein philosophisches Bild, das ich besonders schätze: „Als er jung war, sagte er zu ihr, sei ihm jeder Lebensabschnitt, jedes Ich, das er ausprobierte, beruhigend provisorisch erschienen. Seine Unzulänglichkeiten spielten keine Rolle, weil er mühelos einen Augenblick durch den nächsten ersetzen konnte, einen Saladin durch einen anderen. Nun jedoch begannen Veränderungen zu schmerzen; die Arterien des Möglichen verkalkten allmählich." Artikel 19 Verlag ohne Ort 1989, S. 71. Artikel 19, Allgemeine Erklärung der Menschenrechte der Vereinten Nationen vom 10. Dezember 1948: „Jedermann hat das Recht auf Freiheit der Meinung und der Meinungsäußerung; dieses Recht umfaßt die unbehinderte Meinungsfreiheit und die Freiheit, ohne Rücksicht auf Staatsgrenzen Informationen und Gedankengut durch Mittel jeder Art sich zu beschaffen, zu empfangen und weiterzugeben."
Wenig später hat Salman Rushdie einen großen Beitrag zur Bilderwelt der Philosophen geleistet, eine wunderschöne Pa-

rabel: Harun und das Meer der Geschichten, 1990, Kindler München 1991.

S. 134

- Jacques Derrida, Die Postkarte von Sokrates bis an Freud und jenseits, 1980, deutsch Brinkmann und Bose Berlin 1982/1987. Offensichtlich sind diese dunklen Sprachspiele nicht völlig nutzlos, da sie für Künstler assoziativ anregend sein können. Will man mit weniger Aufwand einen guten Eindruck vom hochtrabenden esoterischen Jargon und den Bedeutsamkeit heischenden Anspielungen dieses französischen Modephilosophen bekommen, so empfiehlt sich zum Beispiel folgender Aufsatz: Am Nullpunkt der Verrücktheit – jetzt die Architektur. In: Wege aus der Moderne.(!) Schlüsseltexte der Postmoderne-Diskussion, Hrsg. Wolfgang Welsch, Akademie-Verlag Berlin 1994, S. 215 – 232. Dekonstruktionsgefasel, ein bisschen Heidegger darf natürlich nicht fehlen. Neben einigen Lichtblicken finden sich in diesem Sammelband noch diverse andere Gestalten, die die Philosophie feuilletonistisch zerreden: Baudrillard, Lyotard, Sloterdijk, Vattimo ... Ein eindrucksvolles Beispiel an anderer Stelle ist auch Baudrillards konfuser Artikel aus Anlaß der Anschläge vom 11. September 2001: Der Geist des Terrorismus. Das Abendland, das die Stelle Gottes eingenommen hat, wird selbstmörderisch und erklärt sich selbst den Krieg, Süddeutsche Zeitung, 12. November 2001, S. 16. Philosophische Lebensorientierung ist für diese Leute ein lächerliches altmodisches Projekt – sich wichtig machen mit geistreich klingenden, psychologisierend-kulturkritischen Halbwahrheiten, das reicht schon.
Deshalb muß man sich auch nicht darüber wundern, den einen oder anderen dieser trendigen Postmodernen plötzlich in einem Techtelmechtel mit den alten Religionen oder sogar in ihren Armen wiederzufinden – oder noch besser: man plädiert

für eine mehr oder weniger freie spirituelle Religiosität und übt Kritik an den verkrusteten konfessionellen Strukturen. Jacques Derrida/Gianni Vattimo, Die Religion, Suhrkamp Frankfurt a. M. 2001. Gianni Vattimo, Jenseits des Christentums. Gibt es eine Welt ohne Gott? Hanser München 2004. Da wir jetzt einen deutschen Papst haben und Religion megain ist, selbst in ihren apokryphen philosophischen Varianten, muss gleich noch eins drauf: Richard Rorty, Gianni Vattimo, Die Zukunft der Religion, Suhrkamp Frankfurt a. M. 2006. Wie praktisch, daß die philosophischen Freunde schon in den letzten Jahren in weiser Voraussicht „postchristlich" über die Religion geplaudert haben. Durch einen Wahrheitsrelativismus, der es aufgegeben hat, gute Gründe *für* Behauptungen und Glaubenssysteme zu fordern, wird die Kritik der Religion verbindlich-unverbindlich aus der Philosophie hinausgedrängt. Religion wird dem Bereich privater Vorlieben zugeordnet. Wozu dann noch philosophische Bücher über Religion? Aber man muß doch mit der Mode gehen! Sollen denn nur die Devotionalien-Händler vom Benedikt-Effekt profitieren?

• François Rabelais, Sohn eines begüterten Rechtsanwalts, Franziskaner, nach dem Verbot des Studiums der griechischen Sprache für diesen Orden Benediktiner, dann erfolgreicher Arzt, „nebenbei" Schriftsteller, Kollege in mehr als einer Hinsicht. Sein „Gargantua und Pantagruel" erschien zwischen 1533 und 1564 in fünf Teilen, ein schon formal interessantes Buch voller Eskapaden, Exkurse, Anekdoten, vor allem aber ein ungenierter und oftmals satirischer Blick auf die verschiedensten Bereiche des menschlichen Lebens, drastisch in der von professioneller Sachkenntnis getragenen Schilderung körperlicher und sexueller Abläufe, von der Sorbonne als obszön klassifiziert und öffentlich verdammt. Dafür hat er aber auch das universitäre Establishment kräftig auf den Arm genommen, wenn er (in einem 1542 aus Vorsicht gestrichenen Zusatz) schreibt: „denn die Sorbonnisten behaupten, daß der Glaube Beweis sei für das Unwahrscheinliche". Andererseits zieht er, trotz des ironischen Bilds, unzweifelhaft „den akademischen Wald, wo die Müßiggänger nach der Wahrheit schnüffeln und jagen" dem Zwang vor, zu antworten, „ob man's weiß oder nicht" und „Kenntnis zu haben von Dingen, von denen man niemals gehört hat." (Band 2, S. 231) Deutsche Ausgabe mit Illustrationen von Gustave Doré, 2 Bände, Insel Taschenbuch Frankfurt a. M. 1974. Die „Sorbonnisten-Stelle" findet sich in einem sehr guten Stück Sekundärliteratur: Gargantua und Pantagruel, Kindlers Literaturlexikon, dtv München 1974, Band 9, S. 3776 – 3779, hier S. 3777.

S. 135

- Voltaire (Francois-Marie Arouet, 1694 – 1778) „Candide ou l'optimisme", 1759, einer der Glanzpunkte philosophischer Belletristik. Das französische Original zum Beispiel in: Voltaire, Romans, Contes et Mélanges, Tome I, Le Livre de Poche, Paris 1972, S. 259 – 368. Eine schöne deutsche Ausgabe mit Zeichnungen von Paul Klee: Insel Taschenbuch Frankfurt a. M. 1972. Eine informative deutsche Ausgabe (mit Erläuterungen, Dokumenten zur Wirkungsgeschichte, Bibliographie): Goldmann Klassiker München 1987
- Diderot, Le Neveu de Rameau, entstanden um 1762, mehrmals überarbeitet bis 1774, wie so vieles von Diderot erst posthum erschienen und zuerst auf deutsch, nämlich 1805 in Goethes Übersetzung einer Abschrift aus der Petersburger Eremitage, vgl. auch S. 140. Rameaus Neffe gibt hier den illusionslosen, opportunistischen, aber lebensfrohen Realisten ab, gegen das als philosophischer Moralist auftretende „Ich" des Romans. Rameaus Neffe: „Die Stimme des Gewissens und der Ehre tönt recht schwach, wenn die Gedärme ächzen."

(Siehe unten, S. 82) Dem Genie allerdings will auch der Philosoph moralischen Rabatt geben. (S. 44/45)

Und so endet die Geschichte:

LUI

Adieu, M. le philosophe. N'est-il pas vrai que je suis toujours le même ?

MOI

Hélas ! oui, malheureusemant.

LUI

Que j'aie ce malheur-là seulement encore une quarantaine d'années. Rira bien qui rira le dernier.

Zum Beispiel: Garnier-Flammarion Paris 1967, zuletzt S. 187

S. 136

• Jacques le Fataliste et son maître, entstanden 1771 – 1775, Garnier-Flammarion Paris 1970. Hieraus veröffentlichte Schiller 1785 das „Merkwürdige Beispiel einer weiblichen Rache", vgl. S. 139. „Jakob und sein Herr" erschien 1792 vier Jahre vor der vollständigen Veröffentlichung des französischen Originals in deutscher Übersetzung. Abgesehen von der Diskussion um Willensfreiheit und Fatalismus und der Sozialkritik ist dieser Roman durch die ständigen Unterbrechungen des Erzählers, die Zeitsprünge und die Komplexität der Handlung strukturell neuartig und zukunftsweisend. Diderot ist im Formalen Anregungen durch Laurence Sterne verpflichtet, der ihm 1762 die ersten sechs Bücher seines Tristram Shandy geschickt hatte. Selbstironisch merkt der Erzähler im letzten Abschnitt von Jacques le Fataliste an, er glaube nicht, daß Sternes Tristram Shandy ein Plagiat von Jacques le Fataliste sei und überhaupt unterscheide sich Sterne von den meisten Literaten seiner Nation, die es sich zur Gewohnheit gemacht hätten, „uns zu bestehlen und zu beschimpfen." Im Übrigen aber sei Jacques le Fataliste als das wichtigste Buch anzusehen, das seit dem Pantagruel des Rabelais erschienen sei. (S. 313 bzw. 312 der erwähnten Ausgabe). Die hübsche Spitze auf den traditionellen Engländer-Franzosen-Konflikt fanden die deutschen Übersetzer nicht der Wiedergabe für wert, weder der Erstübersetzer Mylius noch Horst Günther, der die Übersetzung bearbeitete für die schöne moderne deutsche Ausgabe in „Die andere Bibliothek", Eichborn Verlag Frankfurt a. M 1999.

- Laurene Sterne: The Life and Opinions of Tristram Shandy, Gentleman, 1759 – 1767. Airmont Classics New York 1967
- Eine etwas wilde Assoziation, die Onkel Curioso hier von der Literaturtheorie zur Wissenschaftstheorie und zum in gewisser Weise „typisch österreichischen", weil exzentrisch-genialischen Provokateur Paul Karl Feyerabend führt: Against Method. Outline of an Anarchistic Theory of Knowledge, 1975. Deutsch: Wider den Methodenzwang, suhrkamp taschenbuch wissenschaft, wiederholt seit 1986. Mit dem Schlachtruf „Anything goes!" mischte Feyerabend das traditionelle Wissenschaftsverständnis auf, immer auf der Kippe zwischen „Schmäh" und übertriebenem Relativismus einerseits und berechtigter Kritik an wissenschaftlichem Konformitätsdruck und akademischen Eitelkeiten anderseits. In diesem Fall gibt es auch einen guten Eindruck, wenn man ihn hört: Paul Feyerabend, Wissenschaftstheoretische Plaudereien, Originaltonaufnahmen 1971 – 1992, Hör-CD, supposé Köln 2000.
- Kant hatte es weder mit den spiritistischen, noch mit den rationalistischen Träumern, und so betätigte er sich auch einmal sehr vergnüglich als Satiriker: Träume eines Geistersehers, 1766, Reclam Stuttgart 1976. Über die „Luftbaumeister der mancherlei Gedankenwelten" schreibt er in einem zeitlosen Aufruf zur Gelassenheit: „… so werden wir uns bei dem Widerspruche ihrer Visionen gedulden, bis diese Herren ausgeträumet haben." (In seinem Fall damals vor allem auf

Emanuel Swedenborg und Christian Wolff und deren Anhänger gemünzt.) Erster Teil. Drittes Hauptstück. Antikabbala. Ein Fragment der gemeinen Philosophie, die Gemeinschaft mit der Geisterwelt aufzuheben. S. 58, Reclam S. 39/40. Und so endet das Buch: „Da aber unser Schicksal in der künftigen Welt vermutlich sehr darauf ankommen mag, wie wir unseren Posten in der gegenwärtigen verwaltet haben, so schließe ich mit demjenigen, was *Voltaire* seinen ehrlichen *Candide*, nach so viel unnützen Schulstreitigkeiten, zum Beschlusse sagen läßt: *Laßt uns unser Glück besorgen, in den Garten gehen und arbeiten.*" S. 128, Reclam, S. 84/85. Vgl. **S. 171**

S. 137
• Anekdoten über Kants Eigenheiten und insbesondere seine offenbar ans Anankastische grenzende Pedanterie und Ordnungsliebe finden sich einfühlsam geschildert bei Wilhelm Weischedel: Kant oder die Pünktlichkeit des Denkens. Wie **S. 41/42**, S. 177 – 183

S. 138
• Die Bezeichnung Kants als „Alleszermalmer" geht auf den Religionsphilosophen Moses Mendelssohn, einen Aufklärer jüdischen Glaubens, Freund Lessings und Großvater des Komponisten Felix Mendelssohn Bartholdy, zurück. Im „Vorbericht" seiner „Morgenstunden oder Vorlesungen über das „Daseyn Gottes" spricht er von den Werken des „alles zermalmenden Kants". Christian Friedrich Voß Berlin 1785, S. 2. Auch dieses Buch findet sich auf der nützlichen CD-Rom „Philosophie von Platon bis Nietzsche", vgl. **S. 64**, S. 19592.

S. 139
• Zur Geschichte der Madame de La Pommeraye vgl. **S. 136**, S. 131 – 187 der erwähnten Ausgabe von „Jacques le Fataliste

et son maître". Deutsch zum Beispiel in: Friedrich Schiller, Gesamtausgabe in 20 Bänden, 2. Aufl., dtv München 1969, Band 16, Erzählungen, S. 165 – 198. Oder auch als Hör-CD: Jokers edition Mediaphon-Madacy/pablos media 2005. Sehr schön gelesen von Heiner Heusinger. Leider läßt die Plattenhülle jeglichen Hinweis darauf vermissen, daß die Geschichte auf Diderot zurückgeht.

S. 140
- Zu Rameaus Neffen vgl. schon **S. 135**
- Die moderne Biographin de La Mettries: Ursula Pia Jauch, Jenseits der Maschine, Philosophie, Ironie und Ästhetik bei Julien Offray de La Mettrie (1709 – 1751), Hanser München – Wien 1998, hier Einleitung, S. 16

S. 141
- Der kluge und weltkluge Jesuit aus Aragon ist Baltasar Gracián y Morales und seine Äußerung stammt aus dem „Oráculo manual y arte de prudencia", 1647. Deutsch von Arthur Schopenhauer 1832, Handorakel und Kunst der Weltklugheit, Kröner Stuttgart 1961, Abschnitt 20, S. 9. Gracián hat auch ein Traktat über den von ihm meisterhaft beherrschten beziehungsreichen Stil, den von Wortspielen, Doppelsinn und kryptischen Bezügen geprägten sogenannten Conceptismo geschrieben: Agudeza y arte de ingenio, 1642/1648, Clásicos Castalia Madrid 1969. Unter dem buchstabenschüttlerischen Pseudonym Garcia de Marlones hat er selbst ein Musterbeispiel dieses Stils präsentiert, einen philosophischen Bildungsroman: El criticón, 1651 – 1657. In einer sehr guten neuen Übersetzung von Hartmut Köhler: Das Kritikon, Ammann Zürich 2001, Fischer Taschenbuch Verlag Frankfurt a. M. 2004. Am Ende halfen aber alle Anagramme und sonstigen Maskeraden nichts und auch nicht die Widmungen an hochrangige Adlige: Seine Neider intrigierten,

die Kirche erkannte den unabhängigen Denker, auf Anordnung Roms verlor er seinen Lehrstuhl, und man verbannte den 58-Jährigen zu Bußexerzitien in die Pyrenäen – bei Wasser und Brot sowie Entzug von Feder und Tinte. Zwar wird er schon nach drei Monaten auf Betreiben seiner Freunde mit einer neuen Position im Ausbildungswesen des Ordens betraut, stirbt aber dennoch, körperlich und seelisch geschwächt, noch im selben Jahr.

- Ingeniös sind auch Cervantes und sein edler Ritter (und natürlich dessen Knappe). Nicht umsonst lautet der vollständige Titel des zwischen 1605 und 1615 erschienenen „Heldenepos": El ingenioso hidalgo Don Quixote de la Mancha. Eine schöne Ausgabe: vgl. **S. 125.** Lesenswert auch ein kurzer Text von Dietmar Fritze: Cervantes und der Zweifel. In: Dietmar Fritze, Am Rande des Meeres, BoD Norderstedt 2006, S. 259 – 262

- Unter anderem eins der größten Alter-ego-Bücher (ganz besonders was die vom Autor auf bürgerlichere Weise gelebte Freiheitsliebe angeht): Thomas Mann, Bekenntnisse des Hochstaplers Felix Krull. Der Memoiren erster Teil, S. Fischer Frankfurt a. M. 1954. Ein schönes, konzentriertes Stück Sekundärliteratur zu der vielfach gebrochenen, protrahierten Entstehungs- und Publikationsgeschichte dieses dann doch fragmentarisch gebliebenen Werks, seinen Motiven und mancherlei Bezugspunkten bietet der entsprechende Artikel in Kindlers Literaturlexikon, dtv münchen 1974, Band 4, S. 1430/1431.

- „El cielo de la fama no es muy grande, y cuantos más en el entren, a menos toca cada uno de ellos. Los grandes nombres del pasado nos roban lugar en él." So Miguel de Unamuno in seinem mit dem Anschlag der Vernunft auf den Glauben kämpfenden Unsterblichkeits-Traktat „Del sentimiento trágico de la vida en los hombres y en los pueblos", 1913, Bi-

blioteca Nueva Madrid 1999, S. 113 (Deutsch: Das tragische Lebensgefühl, Meyer & Jessen München 1925)
Hübsch sagt hierzu auch Goldsmiths chinesischer Philosoph, nachdem er feststellt, in den Zeitungen sei innerhalb eines halben Jahres 46 Männern jene Größe zugeschrieben worden, die ihnen den bewundernden Blick der Nachwelt sichere: „I wonder how posterity will be able to remember them all, or whether the people in future times will have any other business to mind, but that of getting the catalogue by heart." The Citizen of the World, wie **S. 162**, hier Brief 74, S. 227

S. 142
- Zum rutschenden Schopenhauer und zum frühstückenden Sokrates vgl. **S. 131**
- Heinrich Heines Überlegungen zur Bedeutung der Reisebeschreibung und der Doppelfigur für den Roman finden sich in seinem Aufsatz „Cervantes' Don Quixote", wie **S. 125**, hier S. 1026/1027.

S. 143
- „... die erste und einzig vorhandene Niederschrift, das ungeschickteste Manuskript, auf liniiertem Geschäftspapier doppelseitig geschrieben, und so schickte ich es an Fischer, ohne viel Hoffnung, ohne viel Verzweiflung ..." Thomas Mann, Lübeck als geistige Lebensform. Rede, gehalten zur 700-Jahr-Feier der Freien und Hansestadt im Stadttheater zu Lübeck am 5. Juni 1926. In: Über mich selbst, Fischer Taschenbuch Verlag Frankfurt a. M. 1994, S. 28 – 50, hier S. 33
- Nietzsche: „Vielleicht bin ich selbst auf Stendhal neidisch? Er hat mir den besten Atheisten-Witz weggenommen, den gerade ich hätte machen können: ‚Die einzige Entschuldigung Gottes ist, daß er nicht existiert.'" Ecce Homo. Wie man wird, was man ist, Warum ich so klug bin, 3.. Dieses

philosophisch-autobiographische Werk entstand 1888 – schon im Vorfeld seines Zusammenbruchs – und erschien erst 1908. Wie **S. 70**, aber Band 4, S. 162. Auch zu finden auf der CD-Rom „Friedrich Nietzsche. Werke", Digitale Bibliothek Directmedia Berlin 2000, S. 7769

Der Tod bei Sens

Über Gefühl und Vernunft

S. 145
- Ein Druck von Monets Bild „Felder im Frühling", 1887, hing jahrelang in meinem Arbeitszimmer. Reproduziert zum Beispiel (hier allerdings leider nur in schwarzweiß) in der Monographie von Horst Keller: Claude Monet, Bruckmann München 1987, S. 94

S. 146
- Am 4. Januar 1960 verunglückten Albert Camus und sein Verleger Michel Gallimard tödlich bei Villeblin zwischen Sens und Paris. Camus hatte eine Aktentasche mit dem unfertigen Manuskript des weitgehend autobiographischen Romans „Der erste Mensch" bei sich, der erst 35 Jahre nach seiner Entstehung veröffentlicht wurde. Brigitte Sändig, Albert Camus, rororo Monographie, Reinbek bei Hamburg 1995, S. 120 – 127. Albert Camus, Le premier homme, Gallimard Paris 1994, Rowohlt Taschenbuch Verlag Reinbek bei Hamburg 1997
- „dum loquimur fugerit invida aetas: carpe diem quam minimum credula postero" – da wir noch sprechen, ist schon entflohen die neidische Zeit, greif diesen Tag, nimmer traue dem nächsten. (Horaz, Oden, I, 11, 7 - 8) Tante Sapientia und Onkel Curioso hatten nie dazu geneigt, diese berühmten Worte „im Sinne einer völligen Vernachlässigung jeglicher langzeitiger Lebensplanung zu deuten, eine Empfehlung, die man niemandem geben mag", sondern sie waren sich sehr bewußt gewesen, daß damit gemeint war, „die Möglichkeiten der Freude, die das Leben bietet, nicht ungenützt zu lassen, nicht auf die unsichere Zukunft zu vertrauen und die Hoffnung,

dass eine solche Gelegenheit noch einmal kommen wird." So die treffende Interpretation von Bernulf Kanitscheider, wie S. 38, jedoch: XIII. Leben in einem sinnleeren Universum, S. 194

- Die ursprünglich möglicherweise auf das in Anatolien beheimatete, griechisch-stämmige Volk der Phrygier zurückgehende Volkssage von Philemon und Baucis wurde nach der Bearbeitung durch Ovid im VIII. Buch seiner Metamorphosen zum immer wiederkehrenden Stoff in der europäischen Literatur, besonders seit dem ausgehenden Barock und der Aufklärung. So in einer gleichnamigen Fabel Jean de La Fontaines, die das Motiv der dauerhaften Liebe betont, einem satirischen Gedicht Jonathan Swifts und dann bei Goethe, insbesondere im Faust II, Fünfter Akt, wo er dem Paar die Rolle der Protagonisten des Beharrens und des konservativen Widerstands zuweist. Mehr, mit Quellen und Textauszügen: Manfred Beller, Philemon und Baucis in der europäischen Literatur. Stoffgeschichte und Analyse, Carl Winter Heidelberg 1967. Klassisch, wie es dem Titel seiner Sammlung entspricht, erzählt die Sage der schwäbische Theologe, Lehrer und Literat Gustav Schwab: Sagen des klassischen Altertums, 1838 – 1840. Eine schön gemachte moderne Ausgabe: Insel Taschenbuch, 3 Bände, Frankfurt a. M. und Leipzig 1975, Band 3, S. 942 – 945

S. 148

- Theodor Storm, Ein Sterbender. Gedichte, Erstes Buch. In: Werke, Aufbau Verlag Berlin und Weimar 1986, Hanser München 1988, Lizenzausgabe Wissenschaftliche Buchgesellschaft Darmstadt 1988, S. 79

S. 150

- Einsteins Bild von der archäologischen Sisyphus-Hilfskraft, derer die menschliche Erkenntnis dauerhaft bedarf, ist hier wiedergegeben nach der Biographie von Johannes Wickert: Einstein, rororo Monographie, Reinbek bei Hamburg 1972, Beginn der Einleitung, S. 7. Ursprünglich in: Aus meinen späten Jahren, Zürich 1952

- Alfred Schnittke schafft mittels einer Collage einstiger und gegenwärtiger musikalischer Mittel seinen eigenen Stil. Ein Verfahren, das seine Musik schon vom Formalen her mit diesem Buch verbindet. Sein Orchesterwerk „In memoriam ...“ entstand in einer komplexen Entstehungsgeschichte zwischen 1972 und 1979 und wurde ursprünglich durch den Tod seiner Mutter infolge eines Schlaganfalls angeregt. Schmerz, Verzweiflung und Trauer kommen darin ebenso zum Ausdruck wie meditative Ruhe und kosmische Distanz. CD: Alfred Schnittke, Konzert für Violoncello und Orchester Nr. 2. In memoriam ... für Orchester. Mstislav Rostropovich, Violoncello, London Symphony Orchestra, Seiji Ozawa, Sony Classical (SK 48241) 1992

S. 152

- So Theodor Storms Sterbender, wenig bevor er sich mit seinen letzten schriftlichen Verfügungen den Priester am Grabe verbittet. Wie **S. 148**

S. 153

- Wilhelm Busch, Aphorismen und Reime, wie **Motti**, Band II, S. 882
- „Zwei Dinge erfüllen das Gemüt mit immer neuer und zunehmender Bewunderung und Ehrfurcht, je öfter und anhaltender sich das Nachdenken damit beschäftigt: Der bestirnte Himmel über mir, und das moralische Gesetz in mir.“ Immanuel Kant, Kritik der praktischen Vernunft, Zweiter Teil, Methodenlehre der praktischen Vernunft, Beschluß, S. 291 der 1. Aufl. von 1788, Reclam Stuttgart 1973, S. 253

- „Sie kann nur geben, nachdem sie empfangen hat.", heißt es genau bei Arthur Schopenhauer. In: Die Welt als Wille und Vorstellung, Erster Band, Erstes Buch, § 10, erstmals erschienen 1819, Reclam Stuttgart 1987, S. 99

S. 154

- Von des Orakels Antwort an Zenon berichtet wieder einmal Diogenes Laertius. Wie **S. 32**, VII. Buch, Erstes Kapitel, Zenon, Abschnitt 2, Zweiter Band, S. 7

S. 155

- „La pompe des enterrements regarde plus la vanité des vivants que l'honneur des morts.", sagt La Rochefoucauld in der Maxime CCXIII der ersten Ausgabe seiner „Maximes", 1665. Hier nach der umfangreichen wissenschaftlichen Edition von Jacques Truchet, Garnier Frères Paris 1967, S. 330

S. 156

- Demokrits Wort, Fragment 230, wird zitiert nach einer schönen Betrachtung von Joachim Kahl über die Bedeutung des Festlichen im Leben: Weihnachten – das heitere Friedensfest im Winter. Unterwegs zu einer neuen Festlichkeit. In: Joachim Kahl, Peter Schütt (Hrsg.), Das andere Weihnachtsbuch. Ein heiteres weltliches Buch zum Nachdenken, Vorlesen und Verschenken, 1983, 3., veränderte Auflage, Weltkreis Dortmund 1986, S. 225

S. 158

- Montaigne, Essais, Philosophieren heißt sterben lernen, Erstes Buch, XX, wie **S. 67/68**, hier S. 142
- Das besagte Büchlein von Wilhelm Ostwald ist leider verschollen. Inhaltlich ähnlich aber seine „Monistischen Sonntagspredigten" Nr. 23/1911 („Vom Tode") und Nr. 24/1911

(„Unsterblichkeit"). In gekürzter Fassung abgedruckt in: Wilhelm Ostwald, Wissenschaft contra Gottesglauben, Urania Verlag Leipzig 1960, S. 109 – 118

Das Vermächtnis

Sapientia und das liebe Geld

S. 162

• Mit seinem Briefroman, in dem die europäische Kultur aus der Fremdperspektive betrachtet wird, löste Montesquieu schon 270 Jahre vor Jostein Gaarder eine literarische Mode aus. In so mancher Hinsicht ist Montesquieu leider aktueller als uns lieb sein kann (auch wenn der damals nur vorgebliche Adressat der Ermahnung nun der richtige wäre): „Unter den Christen beginnt man sich des Geistes der Intoleranz zu entledigen, der sie bewegte. … Man ist sich darüber klar geworden, daß der Eifer für die Durchsetzung der Religion sich von der Hingabe unterscheidet, die man ihr entgegenbringen sollte, und daß es, um sie zu lieben und zu beachten, nicht notwendig ist, diejenigen zu hassen und zu verfolgen, die sie nicht beachten. Es wäre zu wünschen, daß unsere Muselmanen ebenso vernünftig über diesen Gegenstand denken würden wie die Christen." Lettre LX, Usbek à Ibben, erstmals erschienen 1721, Garnier-Flammarion Paris 1964, S. 106
Ein heute ebenfalls noch lesenswertes späteres Beispiel für diese Art des Briefromans stammt von Oliver Goldsmith: The Citizen of the World or Letters from a Chinese Philosopher residing in London to his Friends in the East, 1762, The Folio Society London 1969, vgl. auch **S. 141** und **S. 195**.

• Travels into Several Remote Nations of the World. By Lemuel Gulliver, First a Surgeon, and then a Captain of Several Ships. Auch Jonathan Swift liebt das Wortspiel (Gulliver wie „gullible" – leicht zu täuschen) und jongliert in seinem 1726 erschienenen utopisch-satirischen Reiseroman mit den verschiedensten literarischen Traditionen und Anregungen. Dabei entsteht ein zeitloser Spiegel des Welttheaters. Daß die darin enthaltene Mahnung zur Humanität nicht von strahlendem Optimismus getragen, sondern von einem misanthropisch-resignativen Ton überlagert wird – kann man es Swift angesichts der Weltläufte wirklich verdenken, auch wenn man sich diese Stimmung nicht in gleicher Weise zu eigen machen will? Meine Ausgabe: Gulliver's Travels. Airmont Books New York 1963. Ein schönes Hörbuch gibt's auch: Gulliver's Travels. Read by Neville Jason, 3 CDs, Naxos AudioBooks 1996.

S. 163

- Das Buch des als Marineoffizier in Ostafrika zum Antikolonialisten und später im Ersten Weltkrieg zum Pazifisten gewordenen Hans Paasche erschien nach Vorabdrucken in einer Zeitschrift 1912/1913 erst 1921 posthum im Fackelreiter Verlag Hamburg-Bergedorf. Hans Paasche war 1920 von Freikorps-Soldaten auf seinem Gut ermordet worden. Diverse Neuauflagen in den 1980er und 1990er Jahren. Meine Ausgabe: Goldmann München 1989. Zur Biographie auch: Claudia Decker, Der müde Revolutionär. Ein Opfer wie viele andere, Süddeutsche Zeitung, SZ am Wochenende, 20./21. Mai 2000, S. VI
- Erich Scheurmann, Der Papalagi, Felsenverlag Buchenbach/ Baden 1920, Neuausgabe Tanner und Staehelin Zürich 1977 und dann wiederholt. Die Plagiats-Problematik wird ausführlich diskutiert in: Hanno Kühnert, Zwei Kultbücher und die Folgen. Ein Plagiat bekommt recht, Die Zeit, 24. November 1989, S. 89. Scheurmann wurde später zum Anhänger des Nationalsozialismus. Kühnerts Darstellung scheint allerdings sehr von seiner Sympathie für Paasche und seiner Antipathie gegenüber Scheurmann geprägt. Ruhiger und wohl gerechter wird die Angelegenheit von Jürgen von Stackelberg erörtert: Die Geschichte von den „edlen Wilden", von Kolumbus bis Gauguin, in: ders., Grenzüberschreitungen: Studien zu Litera-

tur, Geschichte, Ethnologie und Ethologie, Universitätsverlag Göttingen 2007, S. 113 – 116.

S. 164

- Fontenelle, Gespäche im Elysium, Paracelsus und Molière. Wie **S. 27**, hier S. 187
- Wo Richard Rorty so formuliert hat, finde ich leider nicht mehr. Ursprünglich aber geht der Ausdruck „Narzißmus der kleinen Differenzen" auf Sigmund Freuds Beschäftigung mit einem viel wesentlicheren Problem zurück als dem hier angesprochenen. In „Das Unbehagen in der Kultur" beschreibt er damit das Phänomen, daß gerade einander benachbarte und auch sonst nahestehende Gemeinschaften sich gegenseitig befehden und verspotten und dadurch ihren eigenen Zusammenhalt erleichtern. Eine „bequeme und relativ harmlose Befriedigung der Aggressionsneigung" meint Freud. Leider kann man ihm da nur solange zustimmen, wie die kleine Differenz nicht zur großen aufgebauscht wird, um derentwillen man sich dann vielleicht erbittert bekämpft (so wie es die aus der Sicht des Glaubensunwilligen strukturell sehr ähnlichen und im Grunde nur durch historische Details unterschiedenen Buchreligionen Judentum, Christentum und Islam bis heute leider immer wieder tun). Sigmund Freud, Das Unbehagen in der Kultur, 1930. In: Das Unbehagen in der Kultur. Und andere kulturtheoretische Schriften, 9. Aufl., Fischer Frankfurt a. M. 1994, S.78/79. Freud war damit seiner Zeit voraus, späteren Entwicklungen auf der Spur.
  50 Jahre später wird Edward O. Wilson schreiben: „Ist die Bereitschaft, sich indoktrinieren zu lassen, eine neurologisch begründete Lernbereitschaft, die sich durch die Auslese von miteinander konkurrierenden Clans entwickelte? Gestützt wird diese einfache biologische Hypothese durch die Tatsache, daß die blind machende Kraft der religiösen Treue auch

ohne Theologie wirksam sein kann. Die Maiaufmärsche auf dem T'ien-An-Men-Platz wären von den Volksmengen der Maya, das Lenin-Mausoleum von den Verehrern des blutgetränkten Grabtuches Christi unmittelbar verstanden worden." (Heute würde er vielleicht eher schreiben: von den gewaltbereiten Massendemonstranten unter dem Banner eines fundamentalistischen Islam.) Ideologieanfälligkeit ist also möglicherweise ein evolutionärer Geburtsfehler der Menschheit. Zwar führt kein unausweichliches Kontinuum vom harmlosen Narzißmus der kleinen Differenz zum bedrohlichen ideologischen Graben, aber sie haben eine gemeinsame Wurzel: Identifikation und Geborgenheit in der Gruppe. E. O. Wilson, Religion – eine List der Gene? In: Ders., Biologie als Schicksal, Ullstein Berlin 1980, S. 160 – 182. Erneut in: Edgar Dahl (Hrsg.), Die Lehre des Unheils. Fundamentalkritik am Christentum, Carlsen Hamburg 1993, S. 84 – 107, hier S. 99

Religion als erklärungsbedürftiges Dauerphänomen in der Geschichte der Menschheit fordert die Evolutionsbiologen und Evolutionstheoretiker heraus. Wilsons' Spur wird weiterverfolgt, wobei weitere Erklärungsansätze erarbeitet werden: David Sloan Wilson, Darwin's Cathedral: Evolution, Religion, and the Nature of Society, University of Chicago Press 2002; Daniel C. Dennett, Breaking the Spell: Religion as a Natural Phenomenon, Viking Books New York 2006. Und für einen Überblick, insbesondere auch über Theorien, die nicht auf der umstrittenen Gruppenselektion beruhen, sondern Religion als Nebenprodukt evolutiv vorteilhafter Eigenschaften (zum Beispiel dem Vertrauen auf die Autorität Erfahrener) auffassen: Richard Dawkins, The roots of religion, in: The God Delusion, vgl. **S. 106**, hier S. 161 – 207

• Die Wittgenstein-Literatur ist inzwischen uferlos. Einen guten ersten Überblick auch zu den biographischen Details gibt

wieder einmal Wilhelm Weischedel in seiner „Hintertreppe": Wittgenstein oder Der Untergang der Philosophie. In: wie S. 41/42, aber S. 291 – 294
- Seneca, Vom glückseligen Leben, Absatz 21, wie **S. 36**, aber hier S. 48

S. 166
- „Bien entendu, un homme doit se battre pour les victimes. Mais s'il cesse de rien aimer par ailleurs, à quoi sert qu'il se batte?" sagt sein Freund Tarrou zu dem Arzt Rieux in „La Peste". Gallimard Paris 1947, Cinquantième édition, S. 280
- Zu Maurice Joly vgl. **S. 27**

S. 168/169
- Sein ehemaliger Lehrer Germain Louis schrieb dies an Albert Camus in einem Brief aus Algier vom 30. April 1959, in dem er sich über zunehmende politische Tendenzen zur Konfessionalisierung der Schule insbesondere im Interesse der katholischen Religion beklagt. „Zwei Briefe", abgedruckt im Anhang von „Der erste Mensch", wie **S. 146**, deutsche Ausgabe, S. 285

S. 170
- Montaigne, Essais, Von der Schonung des Willens, Drittes Buch, X, wie **S. 67/68**, hier S. 795

S. 171
- Zu Voltaires Candide vgl. **S. 135**. Daß Kant den Schlußsatz dieses Buches wiederum als Schluß eines eigenen Werkes verwendet hat, könnte manchem zu denken geben, der im „Candide" nur die Satire sieht. Vgl. **S. 136**
- Fontenelle, Straton und Raffael, wie **S. 27**, hier S. 164/165
- Gustav Heinemann in einem Interview im Mai 1969, kurz

bevor er Bundespräsident wurde. Hier zitiert nach: H. Linde-
mann, Gustav Heinemann, Ein Leben für die Demokratie,
Kösel München 1978, S. 28

S. 172
- Georg Wilhelm Friedrich Hegel, Vorlesungen über die Philosophie der Geschichte, gehalten 1822 – 1831, Einleitung,
II b, Ausgabe von F. Brunstäd 1907, Reclam Stuttgart 1961,
1989, S. 78. Wenn das welthistorische Individuum nicht viele
Rücksichten nehmen könne und viele „große, ja heilige In-
teressen" leichtsinnig behandeln müsse, unterwerfe es sich
mit diesem Benehmen freilich dem moralischen Tadel, meint
Hegel. „Du, du, aber, aber ... ", sagt der Kathederphilosoph
mit erhobenem Zeigefinger zum Massenmörder.
Der Gerechtigkeit halber muß man allerdings erwähnen, daß
von Hegel auch Stellen überliefert sind, in denen er (und sei es
in unglaublichen Schachtelsätzen) mehr Mitgefühl zum Ausdruck bringt: „… wenn wir auf die Individuen mit tiefstem
Mitleid ihres namenlosen Jammers blicken, so können wir nur
mit Trauer über diese Vergänglichkeit überhaupt, und indem
dieses Untergehen nicht nur ein Werk der Natur, sondern des
Willens der Menschen ist, noch mehr mit moralischer Trauer,
mit der Empörung des guten Geistes, wenn ein solcher in
uns ist, über solches Schauspiel enden." Die philosophische
Weltgeschichte, Zweiter Entwurf, 1830, in: Hegel, G. W. F.,
Die Vernunft in der Geschichte, Meiner Hamburg 1955 und
wiederholt, S. 79/80
- Maurice Joly, wie **S. 27**, hier S. 106
- Friedrich Dürrenmatt, Theater-Schriften und Reden, „Hin-
geschriebenes", Die Arche Zürich 1966, S. 89

S. 172/173
- „Ein garstig Lied! Pfui! Ein politisch Lied!" meint der Student

Brander bei der „Zeche lustiger Gesellen" in Auerbachs Keller in Leipzig. Johann Wolfgang Goethe, Faust. Der Tragödie erster Teil, Vers 2092. Zum Beispiel in der Ausgabe Reclam Stuttgart 1986, S. 59

S. 173
- Die zeitlose Beobachtung Solons über die begrenzte Macht der Gesetze wird einmal mehr von Diogenes Laertius berichtet. Wie **S. 32**, Erstes Buch, Zweites Kapitel, Solon, Abschnitt 58, Erster Band, S. 31/32

S. 173/174
- Thomas Hobbes, Leviathan, or The Matter, Forme, & Power of a Common-Wealth Ecclesiasticall and Civill, 1651, Pelican Classics, Penguin Books Harmondsworth 1968, 1976. Da er sich mit seinen Auffassungen zwischen alle Stühle setzte, war Hobbes zu Lebzeiten nirgends mehr so richtig wohlgelitten. Dafür findet der Leviathan insbesondere wegen seines nüchternen Blicks auf die Realitäten bis heute Interesse – obwohl Hobbes alles andere als ein Demokrat war.

S. 174
- Der damalige Stimmungsumschwung innerhalb kürzester Zeit wurde von verschiedenen Mitgliedern der Familie Mann geschildert, so zum Beispiel von Katia Mann in „Meine ungeschriebenen Memoiren", 1974, 3. Aufl., S. Fischer Verlag Frankfurt a. M. 1983, S. 100 – 104.
Am eindrucksvollsten finde ich es, zu hören, wie eine 14-jährige Schülerin, die auch ohne ihre Eltern zunächst unbedingt an ihre Münchner Schule zurück will, den plötzlichen Wandel zum totalitären Regime erlebt. Nach nur drei Wochen Abwesenheit wird sie mit einem ungeahnten Maß an Opportunismus, Fanatisierung und Denunziantentum unter

Mitschülern, Lehrern und Verwandten konfrontiert und sieht sich zu dem Schluß gezwungen, daß mit einem derartigen Verhalten der meisten Menschen unter entsprechend schlechten Rahmenbedingungen immer wieder zu rechnen sei. Elisabeth Mann Borgese in einem Gespräch mit Wolf Gaudlitz: Mein Vater der Zauberer – meine Liebe das Meer, 2 CDs, Audiobuch Freiburg 2001, CD 2, Track 10

- Fahrenheit 451, entsprechend der Temperatur, bei der sich Papier entzündet (233° Celsius). Basierend auf einer Kurzgeschichte beziehungsweise einem Roman von Ray Bradbury, drehte Francois Truffaut 1966 diesen Klassiker der negativen Utopie. Die Bücher werden verbrannt und die Dissidenten unter den Menschen werden zu Büchern, indem sie jeweils eins auswendig gelernt bewahren.

  Diktatoren wissen, daß Lesern nicht zu trauen ist. Und Volkes Stimme traut ihnen auch nicht, wie Günther Anders so hübsch illustriert. „Die neue jugoslawische Putzfrau, zum erstenmal meine kleine Bibliothek erblickend: *,Soviel Buch!'* Sie schlug die Hände über ihrem Kopf zusammen. *,Du nicht glauben Gott!'* Jedes Buch war in ihren Augen vermutlich eine Gegenbibel. Mindestens eine Nichtbibel." Wie **S. 60**, S. 282

- Montaigne, Essais, Drittes Buch, Vom Nützlichen und vom Rechten, I, wie **S. 67/68**, S. 609. Wie er den Scheiterhaufen gegebenenfalls zu vermeiden hofft, sagt uns Montaigne unmittelbar vorher (und dies verdient schon deshalb zitiert zu werden, weil es dabei um meinen Namenspatron geht, dessen Fest immerhin in meiner Kindheit für meinen Großvater noch wesentlich mehr galt als ein Geburtstag): „Freilich, und ich scheue mich nicht, es zugestehen, ich würde im Notfall unschwer dem heiligen Michael die eine Kerze darbringen und seinem Drachen die andere, nach der Weise jenes alten Weibleins."

- So Friedrich der Große an Voltaire in demselben Brief wie **S. 118**

S. 174/175
- Daß Voltaire auch keine Lust hatte zum Märtyrer zu werden, bekundet er in einem Brief vom 23. Februar 1740 an Friedrich. Brief 46 derselben Ausgabe, wie **S. 79**, S. 160

S. 175/176
- Bertrand Russell, Wege zur Freiheit. Sozialismus, Anarchismus, Syndikalismus, 1918, Suhrkamp Frankfurt a. M. 1971, 2. Aufl. 1973, S. 41

S. 176
- Wie Kyros auf seinem Weg zum Idealherrscher auch dieses Praktikum in der Rechtspflege zu absolvieren hat, schildert Xenophon im Buch I seiner Kyropädie, Abschnitt 17. Vollendet zwischen 366 und 350 v. Chr. Kyropädie, Kleine Übersetzungs-Bibliothek röm. und griech. Klassiker, Band 107, Bange Verlag Hollfeld o. J., S. 30/31

S. 177
- Dem pointierten Abschnitt über „Equality in wealth" in „An Atheist's Values" kann man entnehmen, daß Richard Robinson gerne frischen Fisch für möglichst viele Leute hätte. Sein Buch wurde leider zu wenig beachtet, geschweige denn ins Deutsche übersetzt. Es sei dem Leser hier ans Herz gelegt mit den Worten des Rezensenten der „Philosophical Review": „A very good book. It is at once a book on philosophic topics, impersonal and analytic, and a kind of credo - intimate, personal, even impassioned – with a candor that is wonderfully anacademic." Oxford University Press 1964, erneut Blackwell Paperback 1975. Die Fisch-Metapher darin auf S. 178

- Ivan, der Denker unter den drei Brüdern Karamasoff, erzählt die Legende vom Großinquisitor, der das Werk Gottes verbessern und die Menschen von Mangel, Leid und moralischen Verpflichtungen und Konflikten befreien will, wenn auch um den Preis ihrer Freiheit. Fjodor M. Dostojewski, Die Brüder Karamasoff, 1879/80, Fünftes Buch, V.. Zum Beispiel: Fischer Taschenbuch Verlag 1971/73, Band 1, S. 284 – 303

S. 179
- Thomas Morus, Utopia, 1516, übersetzt von Gerhard Ritter, Reclam Stuttgart 1964, 1983. Alle hier erwähnten Standpunkte finden sich im Zweiten Buch. Über den Entzug der Bürgerrechte und des Rechts auf öffentliche Meinungsäußerung für die Materialisten: Von den religiösen Anschauungen der Utopier, S. 130/131. Über die Jagd: Von den Reisen der Utopier, S. 95/96. Über die freie Pflege geistiger Bedürfnisse als das wahre Glück des Lebens: Von den Handwerken, S. 72. Über Männer und Frauen: Vom Verkehr der Utopier untereinander, S. 74, Von den Sklaven, S. 106 – 109

S. 180
- Bernard de Mandeville, The Fable of the Bees, or Private Vices, Publick Benefits, 1705 – 1729. Deutsch: Die Bienenfabel, 2. Aufl., Suhrkamp Frankfurt a. M. 1998
- Sozialsysteme würden besser funktionieren – will heißen: auch moralischen Zielen besser dienen – wenn die verantwortlichen Politiker Adam Smith lesen und über eine entsprechende Gestaltung der Rahmenbedingungen eine an seinen Erkenntnissen orientierte Anreizpolitik betreiben würden, statt auf moralinsaure Appelle und ausufernde Kontroll- und Zwangsmaßnahmen zu setzen. Hier nur einer seiner berühmtesten Sätze: „It is not from the benevolence of the butcher, the brewer or the baker, that we expect our dinner, but from

their regard to there own interest." An Inquiry into the Nature and Causes of The Wealth of Nations, 1776, Book I, Chapter II, The University of Chicago Press 1976, S. 18. Zu Unrecht ist dies ein Lieblingszitat jener Neoliberalen, die die Verschärfung der Wohlstandsunterschiede fördern. Adam Smith war ein Moralphilosoph, dessen nationalökonomische Überlegungen dem Glück und Wohlergehen aller Menschen, nicht nur dem einer oligarchischen Klasse, dienen sollten.

S. 181
• Wann und wo Odo Marquard diese gern zitierte Bemerkung ursprünglich gemacht hat, konnte ich nicht feststellen. Sie wird hier zitiert nach: Josef Früchtl, Socken für Sockenhersteller. Ursula Wolf über Philosophie und gutes Leben, Die Zeit, 12. Mai 1999, S. 57

S. 181/182
• Platons Bild von den Weisen, die sich notfalls im Privatleben „unterstellen", geht in dieser Form auf eine Nacherzählung von Thomas Morus zurück, die er gegen Ende des Ersten Buch seiner „Utopia" gibt. Der Erzähler leiht sich die Formulierungen der schönen Übersetzung von Klaus J. Heinisch, Rowohlts Klassiker Reinbek bei Hamburg 1960. Zitiert nach: Ernst Bloch, Freiheit und Ordnung. Abriß der Sozialutopien mit Quellentexten, Rowohlt Taschenbuch ebd. 1969, 1972, S. 201. Aus Platons eigenen Schriften kommt eine Stelle aus dem Sechsten Buch der Politeia der Sache am nächsten: „... dies alles wohl zu Herzen nehmend, wird ein solcher sich ruhig verhalten und, sich nur um das Seinige bekümmernd, wie einer im Winter, wenn der Wind Staub und Schlagregen herumtreibt, hinter einer Mauer untertritt, froh sein, wenn er die andern voll Frevel sieht, wenigstens selbst rein von Ungerechtigkeit und unheiligen Werken dieses Leben hinzubringen ..." Wie **S.**

22, 496 c – e, S. 210/211. Übrigens ein schönes Beispiel für die Übersetzungsweise Schleiermachers, der oftmals Textgenauigkeit über verständliches Deutsch setzte. Das wissenschaftliche Verdienst sei unbestritten, aber der Zugang zu Platon wurde und wird damit sicher vielen Leuten erschwert.

S. 182

- Der polnische Schriftsteller und Aphoristiker Stanislaw Jerzy Lec mußte einige Erfahrung mit unbequemen Unterkünften machen. Als Sohn eines jüdischen Bankiers, Jurastudent und Lyriker begann es recht gut, dann aber KZ-Häftling, Flucht, Volksarmee-Offizier bei der kommunistischen Partisanenarmee, anschließend Diplomat und nach dem Ende der Stalinzeit wieder Schriftsteller unter der weiter bestehenden kommunistischen Diktatur. Unfrisierte Gedanken, 1957 – 1959. In: Sämtliche unfrisierte Gedanken. Dazu Prosa und Gedichte, Sanssouci Zürich 1999, S. 10
- Zu Pyrrhos Seefahrt und Neuraths Schiffsumbaugleichnis vgl. **S. 67/68, S. 68.** Die biographischen Details zu Neurath und Schlick finden sich bei Rainer Hegselmann: Otto Neurath – empiristischer Aufklärer und Sozialreformer. In: Otto Neurath, Wissenschaftliche Weltauffassung, Sozialismus und Logischer Empirismus, Suhrkamp Frankfurt a. M. 1979, S. 7 – 78, Anmerkung 73, S. 71

S. 183/184

- Platon diskutiert mit seinem Schiffergleichnis die Brauchbarkeit der Philosophen für den Staat. Politeia, Sechstes Buch, 488 a – 489 c, wie **S. 22,** hier S. 203/204

S. 184

- Zu Platons und Onkel Curiosos Gedanken über Wissenschaft und Politik noch eine schöne Stelle bei Günther Patzig: „Der

Wissenschaftler kann sich nicht auf die Rolle des bloßen Informationslieferanten festlegen lassen und es dann ruhigen Gewissens den politischen Kräften und Institutionen überlassen, was sie mit dieser Information anfangen. Auf der anderen Seite muß man freilich in Rechnung stellen, daß nur wenige Menschen in gleicher Weise die für wissenschaftliche Reflexion und zielgerichtetes Handeln in politischen Dimensionen notwendigen persönlichen Voraussetzungen mitbringen. An dieser schlichten Tatsache mußte schon Platons Konzept der „Philosophenkönige" scheitern. Die für den Wissenschaftler wesentliche Fähigkeit, seine eigenen Auffassungen stets von neuem in Frage zu stellen, die Argumente pro und contra genauestens abzuwägen, wird im allgemeinen die Ausbildung der Fähigkeit nicht begünstigen, in Konfliktsituationen unter Unsicherheit rasch und effizient zu entscheiden." Günther Patzig, Ethik und Wissenschaft, Abschnitt „Wissenschaft und Öffentlichkeit", 1986. In: Gesammelte Schriften, Band II, Angewandte Ethik, Wallstein Göttingen 1993, S. 9 – 42, hier S. 41

• Eine sehr gute, differenzierte Diskussion über Platons Schiffergleichnis und seine Attacke auf die Demokratie führt auch Richard Robinson: wie **S. 177**, S. 243 – 248.

• Theodor Eschenburg hat sich vor seinen Studenten offenbar in verschiedenen Varianten in diesem Sinne geäußert. Sein Schüler Theo Sommer gibt dies in seinem Nachruf folgendermaßen wieder: „Mit ‚Gemütsdemokraten' konnte er nichts anfangen. Er hielt es für ‚Blödsinn, Demokratie zu glauben wie das Christentum'. Im Seminar in der Brunnenstraße predigte er seinen Studenten: ‚Demokratie ist nicht die beste Staatsform, sondern die am wenigsten schlechte. Sie ist das geringste Übel. Warum sollte man sich an diesem Übel nicht ärgern?' Die Zeit, Nr. 29, 1999

Die Frau mit der Glaskugel und der Mann mit dem Felsbrocken

Irrungen und Wirrungen der Trauer

S. 187

- In seinem (auch viel weltliche Lebensklugheit enthaltenden) Buch „Ein Buddha für das Abendland" legte Gerhard Szczesny seinem Prinzen Lankavira schon 1976 die hellsichtige Meinung in den Mund, daß „auch im Westen eine Wiedergeburt des Religiösen bevorstehe, so unwahrscheinlich dies einem oberflächlichen Betrachter der gegenwärtigen Welt auch erscheinen möge." Rowohlt Reinbek bei Hamburg, S. 18. Trotzdem er damit zunächst einmal recht behalten hat: Auf die Dauer wird das religiöse Suchertum in der westlichen Kultur wieder mehr an den Rand gedrängt werden und erneut als Anachronismus gelten. Vgl. auch **S. 197**

S. 187/188

- Albert Camus, Le mythe de Sisyphe. Essai sur L' Absurde, 1942, Collection Idées Gallimard 1973

S. 188

- Der alte Mann und sein Fisch(skelett): Tante Sapientia mag hier nicht nur an Ernest Hemingways „The Old Man and the Sea" gedacht haben (1952, auf Deutsch zum Beispiel in: Gesammelte Werke, Band 4, Rowohlt Taschenbuch Verlag Reinbek bei Hamburg 1977, 1986, S. 201 – 267). Eine eindrucksvolle, in der Nachfolge des Expressionismus stehende bildliche Umsetzung dieses Motivs hat Walter Habdank 1974 mit einem Holzschnitt zum Psalm 90 geschaffen: „Alter Fischer". Betrachtbar unter: http://www.habdank-walter.

de/pages/de/holzschnitte/bildergalerie.php (Zugriff zuletzt 9.11.2011). Psalm 90 ist ein biblisches Memento mori. Die bildhafte Beschreibung der Menschen, des menschlichen Daseins, klingt dort so: „Du säest sie aus, von Jahr zu Jahr, sie sind wie das sprossende Gras: am Morgen erblüht es und sprosst, am Abend welkt es und verdorrt." (Um der besseren Verständlichkeit willen einmal in einer modernen Bibelübersetzung: Zürcher Bibel 1942, Deutsche Bibelstiftung Stuttgart 1977, S. 613) Dann aber wieder weiter in Luthers kraftvoller Sprache: „Unser Leben wehret siebenzig Jar / wens hoch kompt so sinds achtzig Jar / Und wens köstlich gewesen ist / so ists Mühe und Erbeit gewesen / Denn es feret schnell da hin / als flögen wir davon. ... Lere uns bedencken / das wir sterben müssen / Auff das wir klug werden." Wie **S. 45**, aber Band 2, S. 1045

S. 188/189

- „There were once upon a time two sausage machines ...", hebt Bertrand Russell in bester traditioneller Märchenerzählermanier an: The Conquest of Happiness, Part II, 11, Zest, 1930, Allen & Unwin London 1975, S. 124. Das ganze Buch ist ein sehr gutes Antidot gegen intellektuelle, nicht psychotische Formen der Melancholie („Byronic Unhappiness", wie Russell ein Kapitel überschreibt): „I have frequently experienced myself the mood in which I felt that all is vanity; I have emerged from it not by means of any philosophy, but owing to some imperative necessity of action." ... „... when by means of great wealth *homo sapiens* can gratify all his whims without effort, the mere absence of effort from his life removes an essential ingredient of happiness." ... „He forgets that to be without some of the things you want is an indispensable part of happiness." (S. 22/23) Zu der eher mißlungenen, oftmals trivial klingenden deutschen Übersetzung bei Suhrkamp ist in diesem Fall nicht zu raten.

S. 189

- Fontenelle, vgl. **S. 27**, Dialog zwischen Johanna I. von Neapel und Anselm (ihrem Hofastrologen), S. 103

S. 190

- Was wir durch unsere „ernsthaften Überlegungen und wichtigen Sorgen" bessern, sei sehr ungewiß, meint Schopenhauer, als er diese Metapher präsentiert, „hingegen ist Heiterkeit unmittelbarer Gewinn." Aphorismen zur Lebensweisheit, Kapitel II, Von dem, was einer ist. Erstausgabe 1851 in den Parerga und Paralipomena, Kleine philosophische Schriften, Erster Band. Meine Ausgabe: Goldmann Klassiker, 3. Aufl., München 1980, S. 18

S. 190/191

- Die „existentielle Unerfülltheit" oder das „existentielle Vakuum" klassifiziert Frankl als „Sonntagsneurose" und auch neuen Typ einer „kollektiven Neurose". Die Langeweile sei die Neurose einer Zukunft, die schon begonnen habe. Viktor E. Frankl, Psychotherapie für den Laien, 3. Aufl., Herder Freiburg im Breisgau 1972, S. 114; Ärztliche Seelsorge. Grundlagen der Logotherapie und Existenzanalyse, 8. Aufl., Kindler München 1975, S. 7
- Iwan Gontscharow, Oblomow, 1859, Manesse Zürich 1980. Vierter Teil, Achtes Kapitel, S. 631

S. 191

- Hier saß ich, wartend, wartend, – doch auf nichts,
  Jenseits von Gut und Böse, bald des Lichts
  Genießend, bald des Schattens, ganz nur Spiel,
  Ganz See, ganz Mittag, ganz Zeit ohne Ziel.
    Da, plötzlich, Freundin! Wurde eins zu zwei –
    – Und Zarathustra ging an mir vorbei …

Friedrich Nietzsche, „Sils-Maria", 1887, In: Gedichte, Reclam Stuttgart 1964, 1974, S. 76; mit Faksimile der Handschrift auch in: Peter André Bloch, Nietzsche-Haus in Sils-Maria, Calanda Verlag Chur 1991, S. 5. Vgl. auch **S. 120**

S. 191/192
• A. T. Schaefer, Das Waldhaus Sils-Maria – Insel mit Brücken, B. Kühlen Verlag Mönchengladbach 1998

S. 192
• Daß Thomas Mann – wohlwollend ausgedrückt – ein gewisses Maß an Abgehobenheit an den Tag legte, schildert die Schriftstellerin und Übersetzerin Marie-Anne Stiebel. In: Paul Raabe, Spaziergänge durch Nietzsches Sils-Maria, 2. Aufl., Arche Verlag Zürich-Hamburg 1995, S. 59/60

S. 193
• Dann und wann lugt in diesem Buch vorsichtig eine verfremdete Wirklichkeit hervor. Für das Vorbild von Tante Sapientias Bergführer soll die Verfremdung an dieser Stelle aufgehoben werden. Zum Gedenken: Albert Ineichen und seinem Gast war es nicht vergönnt, miteinander alt zu werden. Die Gefahren der Berge überstand Albert während vieler Jahre mit Umsicht und Glück. Im Mai 2006 verfehlte er, ein besonnener Autofahrer, bergauf fahrend aus ungeklärter Ursache eine Kurve am Berninapaß und stürzte mit seiner ganzen Familie in die Tiefe. Er starb im Alter von dreiundfünfzig Jahren, seine Frau war noch keine vierzig. Nur die beiden Kinder überlebten.

S. 194
• Kurt Oesterle setzt sich in prägnanter Ironie mit Heideggers Überhöhung des Bäuerlich-Bodenständigen ausei-

nander: „Der westdeutschen Nachkriegsgesellschaft mußte solches Denken hochwillkommen sein. Mit dem Todtnauberger Heidegger weilte sie gern im ‚Geviert‘, wo Himmel und Erde, Göttliche und Sterbliche traut beisammen sind. Ausdrücklich ist das ‚Geviert‘ ein Ort, an dem keiner den Dingen fragend zu nahe tritt und an dem es folglich, ‚nichts zu verantworten gibt‘. Ein Paradies köstlicher Vergeßlichkeit, in dem man den ‚Erlebnisfolgen‘ jüngster Geschichte gelassen gegenüberstehen darf und der Welt doch bis auf den tiefsten Grund blickt.“ Sentimentalische Wanderung: Heideggers Todtnauberg, Süddeutsche Zeitung, 8. Dezember 1998, S. 13
- Fontenelle, vgl. **S. 27**, Gespräch zwischen Elisabeth von England und dem Herzog von Alencon, S. 87

S. 195
- Emersons Kritik an der „Reisewut“ wird gleich danach noch polemischer: „Traveling is a fool's paradise.“ Wie **S. 49**, S. 34 der englischen, S. 25 der deutschen Ausgabe. Schon 80 Jahre früher läßt Goldsmith seinen chinesischen Philosophen in ähnlichem Tenor formulieren: „A man who leaves home to mend himself and others is a philosopher; but he who goes from country to country, guided by the blind impulse of curiosity, is only a vagabond.“ Wie **S. 162**, Brief 7, S. 41

S. 196
- „Daß die eigentlich materialistischen Systeme, wie auch die absolut skeptischen, niemals einen allgemeinen, oder dauernden Einfluß haben erlangen können“, liege daran, daß sie dem „Dogma irgend einer Fortdauer nach dem Tode“ nicht gerecht werden, sagt Schopenhauer. Dieses zentrale Dogma sei es letztlich, was das metaphysische Bedürfnis des Menschen zum „bescheidenen Burschen“ ma-

che. Wie S. **30**, Ergänzungen zum ersten Buch, Kapitel 17,
S. 211/212

S. 197

• Aristoteles wird hier zitiert nach Luciano De Crescenzo,
Geschichte der griechischen Philosophie. Die Vorsokratiker,
1983, Diogenes Taschenbuch Zürich 1990, S. 177. Zwar ist
Aristoteles eigentlich erst im Folgeband „Von Sokrates bis Plotin" dran, aber De Crescenzo blickt schon einmal etwas nach
vorn. Er tut dies bei der Beschreibung des Anaxagoras, eines
Philosophen, der Onkel Curioso sicher nicht so sympathisch
gewesen wäre: Von ihm wird berichtet, er habe es, ebenso wie
seine Schüler Euripides und Perikles, stets abgelehnt, in Gesellschaft zu trinken und an Festgelagen teilzunehmen, weil
sie fürchteten, mit einem Lächeln auf den Lippen erwischt zu
werden. (Ebd., S. 182)
Was Wilhelm Busch ähnlich wie Aristoteles sagt, wenn auch
weniger aus der individuellen als vielmehr einer historisch-
resignativen Perspektive, hätte Onkel Curioso dagegen bestimmt gut gefallen: „Die Menschheit ist wie ein Fieberkran-
ker. Unruhig wirft er sich von der rationalistischen Seite auf
die mystische, mittelalterlich-katholische. So geht's in Kunst,
Politik, Philosophie und sonstigen Dingen. So wird's wohl
weitergehen, solange der Patient noch lebendig ist." Zitiert
nach: Gustav Emil Müller, Wilhelm Busch als Philosoph,
Ratio Humana Nieder-Uster 1983, S. 18
Wenn wir derzeit wieder eine Renaissance religiöser Lebensorientierung erleben, so ist ein derartiger zyklischer „Rück-
schlag" wirklich nichts Neues: Auch auf Voltaire folgte schon
Chateaubriand, der 1802 die Philosophie der Aufklärung als
ein trostloses „System der Zerstörung" ablehnte und Voltaire
vorwarf, dieser habe es verstanden, „bei einem launenhaften
und liebenswürdigen Volk den Unglauben zur Modesache

zu machen." („Il eut l'art funeste, chez un peuple capricieux et aimable, de rendre l'incrédulité à la mode." „... le système destructeur alloit s'étendant sur la France.") Wie **S.** 77, S. 7 der Ausgabe von 1838

- Willy Hochkeppel, „Ich bin wie ein Taxifahrer". Schreiben nur auf Bestellung: Erinnerungen an Isaiah Berlin, den Essayisten und uneitlen Grandseigneur des Geistes, Süddeutsche Zeitung, SZ am Wochenende, 15./16. November 1997, S. III. Und um beim „Taxifahrer" einzusteigen: Isaiah Berlin, The Proper Study of Mankind. An Anthology of Essays, 1949 – 1990, Farrar, Straus and Giroux New York 2000

S. 198
- André Maurois, Bernard Quesnay, 1926, Gallimard Collection folio 1973

Das andere Ende

Über das Glück, Abschied nehmen zu können

S. 200/201
- Zu Camus' „Die Pest" vgl. auch **S. 166**

S. 201
- Rückfälle in die Barbarei, bei der sich Menschen, die vorher friedlich als Nachbarn zusammenlebten, plötzlich gegenseitig massakrieren, hat Europa im Zypernkonflikt und im jugoslawischen Bürgerkrieg in der jüngeren Geschichte noch einmal erleben müssen. Immer dann wird jener Teilaspekt des Staates beklemmend aktuell, den Nietzsches zeitweiliger Weggefährte, der Arzt und Philosoph Paul Rée, ins Bild gesetzt hat: „Jede staatliche Gemeinschaft ist eine große Menagerie, in der Furcht vor Strafe und Furcht vor Schande die Gitter sind, durch welche die Bestien davon abgehalten werden, einander zu zerfleischen: Zuweilen brechen diese Gitter entzwei." Paul Rée, Der Ursprung der moralischen Empfindungen, Verlag von Ernst Schmeitzner Chemnitz 1877, hier (mit sinnentsprechender Korrektur) zitiert nach der Neuausgabe Denkmal Verlag Bonn 2005, S. 64

S. 203
- Pascal hat ein ambivalentes Verhältnis zu Montaigne. Einerseits mißtraut er dem Skeptiker, andererseits fühlt er sich ihm geistesverwandt und ist geneigt, ihn zu verteidigen. „All das, was ich in ihm sehe, ist nicht in Montaigne, sondern in mir." sagt er einmal. Sogar die „etwas freien und wollüstigen Empfindungen", die dieser bei verschiedenen Gelegenheiten äußere, will Pascal durchgehen lassen. Nur seine „gänzlich heidnischen Ansichten über den Tod", die könne man nicht entschuldigen, denn es heiße jeder Frömmigkeit abzuschwören, wenn man

nicht einmal christlich sterben wolle. Daß Montaigne sich selbst wichtig nimmt und zu Abschweifungen neigt, ist wiederum eine Eigenheit, die Pascal zu den läßlichen Sünden zählt: „Was Montaigne Gutes an sich hat, kann nur schwer erworben werden. Was er Schlechtes an sich hat, von seiner mangelnden Sittenstrenge einmal abgesehen, hätte in einem Moment korrigiert werden könne, wenn man ihn darauf hingewiesen hätte, daß er zu viele Geschichten erzählte und zu viel von sich selbst sprach." Wie **S. 67**, Section II, zuletzt Fragment 65, S. 24, vorher Fragmente 64 und 63, S. 23

S. 203/204

- Seneca, Epistulae morales ad Lucilium, Liber VI, 58. Brief, 62 – 65 n. Chr., Reclam Stuttgart 2001 (zweisprachig), S. 52. Die hier zitierte deutsche Fassung folgt jedoch der schöneren Übersetzung in: Helga Kuhse, Die Heiligkeit des Lebens in der Medizin, Harald Fischer Erlangen 1994, S. 35.

S. 205

- Epikur (341 – 270 v. Chr.) in einem Brief an Menoikeus. Noch straffer übersetzt Mewaldt: „So ist also der Tod, das schrecklichste der Übel, für uns ein Nichts: Solange wird da sind, ist er nicht da, und wenn er da ist, sind wir nicht mehr." Epikur, Philosophie der Freude, Kröner Stuttgart 1973, Abschnitt 125, S. 41

S. 206

- Schopenhauer, wie **S. 38**, aber Kapitel 15, Über Religion, § 174, S. 407
- Der Spruch vom Adler und der Taube wird einem heute nahezu vergessenen Autor zugeschrieben: dem Dichter, Theaterautor und Publizisten Ludwig Robert (1778 – 1832), einem Bruder Rahel Varnhagens.

- Tante Sapientia zitiert hier eine Stelle kurz vor Ende der „Träume eines Geistersehers". Kant fährt dann fort: „... und denen Wißbegierigen, die sich nach derselben so angelegentlich erkundigen, kann man den einfältigen, aber sehr natürlichen Bescheid geben: daß es wohl am ratsamsten sei, wenn sie sich zu gedulden beliebten, bis sie werden dahin kommen." Danach schließt unmittelbar die Stelle an, wo er Voltaire seine Referenz erweist. Vgl. **S. 136**
- Die Philosophie laufe der Wirklichkeit immer hinterher, meint Hegel, und komme deshalb immer zu spät zum *„Belehren, wie die Welt sein soll"*. Erst „nachdem die Wirklichkeit ihren Bildungsprozeß vollendet und sich fertig gemacht hat", komme die Philosophie „als der *Gedanke* der Welt". Deshalb: „die Eule der Minerva beginnt erst mit der einbrechenden Dämmerung ihren Flug." Grundlinien der Philosophie des Rechts, Vorrede, XXIV, erstmals 1821, 4. Aufl. Meiner Hamburg 1955, 1967, S. 17

S. 206/207
- Wittgensteins Fliege: „Was ist dein Ziel in der Philosophie? – Der Fliege den Ausweg aus dem Fliegenglas zu zeigen." Philosophische Untersuchungen, 1936 – 1946, Nr. 309. Erstmals veröffentlicht 1953, suhrkamp taschenbuch Frankfurt a. M. 1971, S. 162

S. 207
- Fontenelle, vgl. **S. 27**, Dialog zwischen dem dritten falschen Demetrius und Descartes, S. 197. Fontenelle benutzt den russischen Abenteurer, der sich als dritter in Folge höchst unverfroren als Zarensohn ausgab, um die Philosophen mit der Behauptung zu provozieren, sie seien alle nur Usurpatoren von Wahrheitsbehauptungen.
- Nietzsche, Ecce Homo, wie **S. 143**, S. 160

- Moritz Schlick: Vom Sinn des Lebens, 1927. In: Der Sinn des Lebens, wie **S. 73**, S. 309 – 322, hier S. 309

Schlußwort

Gedanken nicht nur aus eigener Werkstatt und das Ende aller Fragezeichen

Ein Schlußwort von Bertolt Brecht, nochmals aus den „Geschichten vom Herrn Keuner". Wie **S. 33**, S. 21

Herr Keuner und die Originalität

Heute, beklagte sich Herr Keuner, gibt es unzählige, die sich öffentlich rühmen, ganz allein große Bücher verfassen zu können, und dies wird allgemein gebilligt. Der chinesische Philosoph Dschuang Dsi verfaßte noch im Mannesalter ein Buch von hunderttausend Wörtern, das zu neun Zehnteln aus Zitaten bestand. Solche Bücher können bei uns nicht mehr geschrieben werden, da der Geist fehlt. Infolgedessen werden Gedanken nur in eigener Werkstatt hergestellt ... Freilich gibt es dann auch keinen Gedanken, der übernommen werden, und auch keine Formulierung eines Gedankens, die zitiert werden könnte. Wie wenig brauchen diese alle zu ihrer Tätigkeit! ... Größere Gebäude kennen sie nicht, als solche, die ein einziger zu bauen imstande ist!

Und noch ein Schlußpunkt – ein bildgewordenes aphoristisches Gedicht von Carsten Klook, Poetryletter Nr. 60, 2.12.2008, http://www.fixpoetry.com/intern/poetryletter/pdf/2008/60.pdf:

Fragezeichen

haben mich schon immer begeistert,
die geschwungene Form,
diese Elégance.
Rasant legt man sich in Kurve,
biegt sich ins Pro und Contra
und setzt diesem zweifelhaften Wackeln
mal in die eine, mal in die andere Richtung
letztlich doch einen Schlusspunkt.
Die offene Form, die dann
mit Überzeugung feststellen muss,
dass alles ein Ende hat

●

© Carsten Klook

Namensregister

Die Seitenzahlen beziehen sich auf den Text von „Gott und die chinesische Teekanne". Die Namen finden sich entweder auf der jeweiligen Seite oder im Kommentar hierzu.